중고등학생을 위한

표준 한국어

의사소통 **4**

중고등학생을 위한

표준 한국어

국립국어원 기획 · 심혜령 외 집필

의사소통 4

마리북

발간사

　다문화가정 학생 수는 매년 증가하여 2018년 12만여 명에 이릅니다. 그런데 중도입국자녀나 외국인 가정 자녀와 같은 다문화 학생들은 학령기 학생에게 기대되는 한국어 능력 수준에 이르지 못하는 경우가 많습니다. 이는 다문화 학생이 교과 학습 능력을 갖추지 못하거나 또래 집단 문화에 적응하지 못하는 결과로 이어지고, 결국 한국 사회에 안정적으로 정착하는 데 어려움을 겪는 주요한 원인이 됩니다. 따라서 다문화 학생을 위한 교육 지원은 보다 전문적이고 체계적으로 이루어져야 합니다.

　학령기 한국어 학습자를 위한 정부 지원은 교육부에서 2012년에 '한국어 교육과정'을 개발하여 고시하였고, 국립국어원에서 교육과정을 반영한 학교급별 교재를 개발하면서 본격적으로 이루어졌습니다. 그 후 '한국어 교육과정'이 개정·고시(교육부 고시 제2017-131호)되었습니다. 이에 국립국어원에서는 2017년부터 개정된 교육과정에 따라 한국어 교재를 개발하고 있으며, 그 첫 번째 결과물로 초등학교 교재 11권, 중고등학교 교재 6권을 출판하게 되었습니다. 교사용 지도서는 별도로 출판은 하지 않지만 국립국어원 한국어교수학습샘터에 게시해 현장 교사들이 무료로 이용할 수 있게 하였습니다.

　이번 교재 개발에는 언어학 및 교육학 전문가가 집필자로 참여하여 한국어 교육의 전문적 내용을 쉽고 친근하게 구성하기 위해 노력하였습니다. 특히 이 교재는 언어 능력 향상뿐만 아니라 서로 다른 문화를 이해하여, 한국 사회 구성원으로서 정체성을 확립하는 데 도움이 되도록 개발하였습니다.

　아무쪼록 《표준 한국어》 교재가 다문화가정 학생들이 한국어를 쉽고 재미있게 배워서 한국 사회에서 자신의 꿈을 키워나가는 데 도움을 줄 수 있기를 바랍니다.

　끝으로 이 교재의 개발을 위해 최선의 노력을 기울여 주신 교재 개발진과 출판사에 깊은 감사의 말씀을 드립니다.

2019년 2월
국립국어원장 소강춘

머리말

최근 우리 사회는 본질적이고도 구체적인 국제화, 다문화 시대를 맞이하고 있습니다. 국제결혼, 근로 이민, 장단기 유학, 나아가 전향적 방향에서의 재외 동포 교류, 새터민 유입 등의 여러 가지 요인에 의해 지금까지의 민족 공동체, 문화 공동체, 국가 공동체의 개념을 뛰어 넘는 한반도 공동체의 시대를 살아가게 된 것입니다.

이 한반도 공동체 시대에 다양한 기반의 공동체 구성원들이 다 함께 행복하기 위해서는 사회가 보다 정의롭고 공정해야 하는데, 이를 위한 사회적 행동의 출발은 교육, 그중에서도 한국어 교육이라고 말할 수 있습니다. 특히 다문화 배경의 학령기 청소년, 이른바 KSL 학습자들의 경우, 이들 역시 우리 사회의 미래 주역이라는 점에서 우리 사회의 건강한 미래를 위해서는 이들 모두가 순조롭게 정착하고 공정하게 경쟁하여 발전할 수 있도록 의사소통 능력과 학업 이수를 위한 교육적 지원을 적극적으로 해 주어야 합니다. 이것이 바로 KSL 교육의 존재 이유이자 목표라 할 것입니다.

다행히 우리 사회는 이 부분에 있어 사회적 공감과 정책적 구체화에 일찌감치 눈을 떠 이미 2012년에 '한국어 교육과정'을 마련하였고 그에 따라 한국어(KSL) 교육이 공교육 현장에서 시행되어 오고 있습니다. 그리고 몇 년간의 시행 끝에 보다 고도화되고 구체화된 교육과정이 2017년에 개정되었고 그 교육과정의 구체적 구현으로서의 교재가 새로이 개발되기에 이르렀습니다. 교과 내용 설계에 대한 이론적, 행정적 검토를 거쳐, 학교생활 기반의 의사소통 능력 강화를 위한 교육 내용과 학업 이수 능력 함양의 필수 도구가 되는 한국어 교육 내용을 확정하여 교재로 구현하게 된 것입니다.

이 교재는 몇 가지 점에서 특별한 의미를 가지고 있습니다. 우선 체제 면에서 획기적인 시도를 꾀하였습니다. 이미 학습자 중심의 자율 선택형 모듈화 교육이 전 세계적으로 주목받으며 새로운 교육 방법으로 자리 잡아 가고 있는 데에 발맞추어, 학습자와 교육 현장의 개별성에 맞게 활용할 수 있는 확장성과 활용성을 높인 '개별 교육 현장 적합형 모듈 교재'로 만들어 낸 것입니다.

또한 이 교재는 학령기 청소년 학습자를 대상으로 하는 교재라는 특성에 맞게 디지털 교육 방법론을 적극 수용하였습니다. 모바일 및 인터넷 환경이 충분히 구비된 현실에서 모바일에 익숙한 청소년들의 흥미를 도모하면서 동시에 종이 교재의 일차원적 한계를 극복하여 보다 입체적인 교육이 가능할 수 있도록 구성하였습니다. QR 코드를 적극 활용하여 공간을 초월한 입체적 확장을 꾀하면서 더 많은 정보를 선별적으로 받아들일 수 있도록 하였습니다. 또한 대화를 웹툰 형식의 동영상으로 구성하여 실제성과 재미를 더한 회화 교재 역할을 할 수 있도록 하였습니다.

이 교재는 개정 '한국어(KSL) 교육과정'에서 설정한 '의사소통 한국어'와 '학습 도구 한국어'를 구체화하여 교육 내용으로 구현하였다는 점에서 의미가 있습니다. 이제 앞으로 학령기의 청소년 한국어 학습자들이 이 교재를 좇아 학습함으로써 학교 안팎에서 의사소통하는 데에 필요한 한국어 능력을 단계적으로 익혀갈 수 있게 되었습니다. 또한 단계별 한국어 능력에 맞춘 학습 능력 강화를 돕는 '학습 도구 한국어'의 구체적 구현도 교재를 통해 이루어 냈습니다. 학업 이수에 핵심이 되는 학습 활동과 사고 기능, 학습 기능 등을 한국어 단계에 맞게 설정하여 학습 도구 한국어 교재 내용으로 구현함으로써, 한국어(KSL) 교육에서 학습 도구 한국어란 무엇인가를 교재를 통해 확인할 수 있게 되었습니다.

이렇듯 다문화 배경의 학령기 청소년이 공정하게 경쟁하며 꿈을 펼칠 수 있도록 학교 안에서 준비할 수 있는 기회를 주어야 한다는 인식 위에서 진행된 이번 교재 개발은, 여러 기관과 많은 관계자들의 지원과 노력이 없이는 불가능한 것이었습니다. 우선 이 새롭고 의미 있는 교재가 완성되기까지 지원을 아끼지 않으신 교육부와 국립국어원 관계자 여러분들께 깊이 감사드립니다. 또한 새 시대에 맞는 교재를 만들어 보자는 도전 의식과 책임감을 가지고 밤낮없이 연구하며 이 교재를 개발, 완성해 온 집필진 모두에게 진심에서 우러나오는 감사를 드립니다. 더불어 시대의 흐름과 청소년 학습자 선호도에 맞춘 편집과 그림 및 동영상으로 새 시대 교재의 획을 그어 주신 출판사 마리북스에도 감사의 말씀을 드립니다.

이 교재 집필진 및 관계자와 이 사회 구성원 모두의 지지와 염원이 담긴 본 교재가 다문화 배경을 가진 청소년들이 우리 공동체 속에서 동등하게 살아가며 자신의 꿈을 실현하는 데에 있어 중요한 역할을 할 수 있기를 희망합니다.

2019년 2월
저자 대표 심 혜 령

일러두기

소개

《중고등학생을 위한 표준 한국어》〈의사소통 4〉는 다문화 배경을 가진 청소년 학습자들이 일상생활과 학교생활에서 필요한 중급 수준의 한국어를 학습할 수 있도록 설계되었다. 중급 수준의 한국어 학습자가 꼭 알아야 하는 일상생활과 학교생활을 주제로 다룬 8개 단원으로 구성하였다.

구성

교재의 각 단원은 크게 '꼭 배워요' 영역과 '더 배워요' 영역으로 구분되어 있다.

'꼭 배워요'는 해당 등급과 주제에서 필수적으로 다루어야 하는 교육 내용으로 구성하였다. '꼭 배워요'는 '어휘를 배워요'와 '문법을 배워요'로 구성된다.

'더 배워요'는 '꼭 배워요'와 연계되어 해당 등급과 주제에서 선택적으로 다룰 수 있는 교육 내용으로 구성하였다. '더 배워요'는 '대화해 봐요'와 '읽고 써 봐요'로 구성된다.

'꼭 배워요'와 '더 배워요' 사이에는 '문화' 영역을 배치하여, 다문화 배경을 가진 청소년 학습자들의 한국 적응 및 학교생활 적응을 돕고자 하였다.

교재 활용 정보

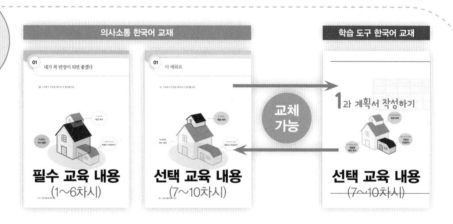

교재 사용의 순서나 방법의 예를 들자면 다음과 같다.

한국어 교과 운영을 위한 시간이 충분히 확보되어 있는 교육 현장의 경우는 〈의사소통〉 교재의 '꼭 배워요', '더 배워요'와 〈학습 도구〉 교재를 모두 차례대로 사용할 수 있다.

의사소통 능력의 신장이 시급한 교육 현장의 경우라면, 〈의사소통〉 교재의 '꼭 배워요'와 '더 배워요'를 우선적으로 다룬 뒤 〈학습 도구〉를 부가적으로 다룰 수 있다. 교과 학습이 강조되는 교육 현장이라면 〈의사소통〉의 '꼭 배워요'와 〈학습 도구〉를 조합하여 교육함으로써 한국어 학습 기간을 단축하면서도 교과 학습의 준비를 할 수 있도록 하는 것이 가능하다. 만약 학습자의 의사소통 능력이 일정한 정도 이상이라고 파악되는 경우라면 〈학습 도구〉 교재만으로도 수업을 진행하는 것이 가능하다.

단원의 구성

단원 도입

· '도입'에서는 단원 전체의 내용을 전망할 수 있도록 하였다.
· 단원의 제목은 '꼭 배워요'에서 제시된 문장 중 단원을 대표할 수 있는 것을 선정하여 제시하였다.
· '도입'에 그려진 '집'은 각 단원에서 구성하고 있는 교육 내용을 시각화한 것이다. 이를 통해 단원의 각 영역에서 무엇을 배우는지 확인할 수 있으며, 단원의 전체 구성 및 각 교육 영역의 성격 또한 파악할 수 있다.

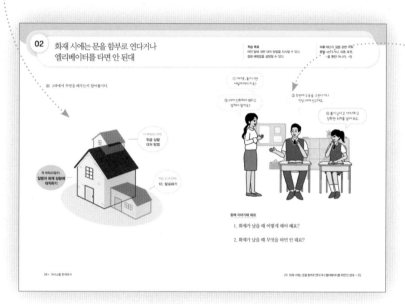

[꼭 배워요] 도입

· 단원의 '꼭 배워요'에서 구현하고자 하는 학습 목표와 어휘, 문법을 구체적으로 제시하였다.
· '꼭 배워요'의 학습을 도입하기 위한 대화문과 삽화를 제시하였다.
· 학습자가 단원의 주제와 목표를 학습하기 위해 필요한 배경지식을 자연스럽게 떠올릴 수 있는 질문을 제시하였다.

[꼭 배워요] 어휘를 배워요

· '한국어 교육과정'에서 제시하고 있는 '의사소통 한국어'의 언어 재료를 중심으로, 국립국어원에서 발간된 연구 보고서인 '한국어 교육 어휘 내용'과 '국제 통용 한국어 표준 교육과정'에서 분류, 제시한 어휘 목록을 참고하여 각 단원의 등급 수준과 주제에 맞는 어휘를 선택하여 구성하였다.
· 제시해야 할 어휘들의 성격에 따라 다양한 방식으로 어휘를 제시하였다.
· 단원의 주제를 중심으로 선정된 주제 적합형 어휘는 삽화를 활용하여 제시하였으며, 해당 등급에서 요구되는 등급 적합형 어휘의 경우 어휘 상자를 배치하여 추가로 제시하였다.

[꼭 배워요] 문법을 배워요

· '한국어 교육과정'에서 제시하고 있는 '의사소통 한국어'의 '학령적합형 교육 문법'을 기본으로, 국립국어원의 '한국어 교육 문법·표현 내용'과 '국제 통용 한국어 표준 교육과정'의 문법 목록을 참고하여 각 단원의 등급 수준과 주제, 기능에 적합한 것을 선택하여 구성하였다.

· 목표 문법이 사용되는 가장 대표적인 장면을 삽화로 제시하여 학습자들이 문법의 정보를 보다 쉽게 이해할 수 있도록 하였다.

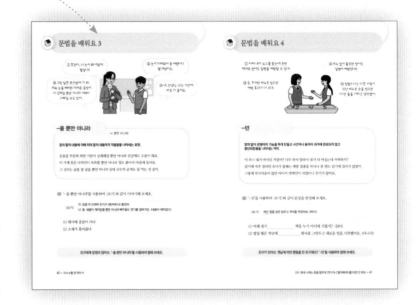

· 국립국어원의 '한국어 기초 사전'의 정의를 기본으로 한 설명과 해당 문법의 용법을 가장 잘 보여 주는 용례를 제시하였으며, 문법의 형태 및 결합 정보도 함께 제시하였다.

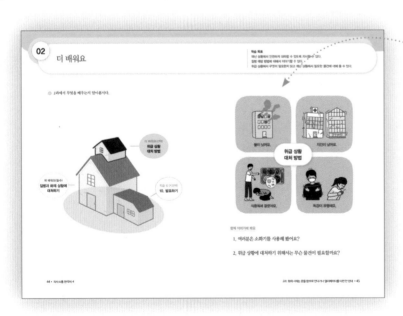

'더 배워요' 도입

· 단원의 '더 배워요'에서 구현하고자 하는 학습 목표를 구체적으로 제시하였다.

· '더 배워요'의 학습을 도입하기 위한 삽화와 주제어, 표현 등을 제시하였다.

· 학습자가 단원의 주제와 목표를 학습하기 위해 필요한 배경지식을 자연스럽게 떠올릴 수 있는 질문을 제시하였다.

[더 배워요] 대화해 봐요

- '대화해 봐요'는 단원의 주제와 목표 문법, 언어 기능, 관련 맥락을 포괄한 문장들로 구성하였다.
- '대화해 봐요'에는 '꼭 배워요'에서 확장된 추가 어휘 및 표현이 등장한다.
- '대화해 봐요'는 말하기와 듣기가 통합된 교육 영역으로 등장인물들이 대화하는 것을 듣고 따라 하며 말하기와 듣기 능력을 모두 향상할 수 있다.

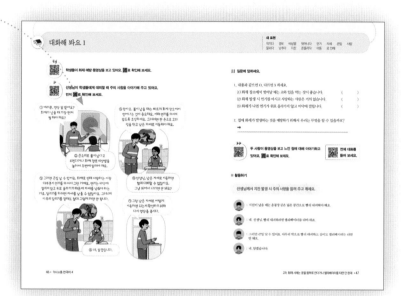

- '대화해 봐요'의 교육 내용은 전, 중, 후로 구성되어 있고, 목표 문형과 표현은 중 단계에 구현되어 있다. 중 단계는 만화로 제시된다.
- 전 단계와 후 단계는 중 단계의 전후 내용인데 듣기 형태로 제시된다. QR 코드를 통해 등장인물들이 대화하는 모습을 동영상으로 감상할 수 있다.
- 등장인물들의 대화를 듣고 내용을 확인하는 문제와 새로 나온 문형과 표현을 연습할 수 있는 말하기 활동이 제시되어 있다.

[더 배워요] 읽고 써 봐요

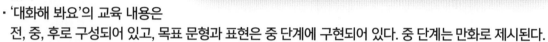

- '읽고 써 봐요'는 '대화해 봐요'의 장면에서 등장할 수 있는 문자 매체를 선정하여 교육 내용으로 구성하였다.
- '읽기'에서는 해당 장면에서 등장할 수 있는 다양한 종류의 글 중 단원의 주제와 목표에 맞는 것을 선정하여 제시하고 그 글의 이해도를 확인하는 문제들을 함께 제시하였다.
- '쓰기'에서는 앞서 제시된 읽기의 글과 유사한 종류의 글을 모방하여 써 보게 하거나 관련된 활동을 하도록 구성하였다.

중학교 등장인물

이름: 와니
출신: 필리핀
나이: 14세

이름: 안나
출신: 우즈베키스탄
나이: 14세

이름: 선영
출신: 한국
나이: 14세

이름: 영수
출신: 한국
나이: 14세

이름: 정호
출신: 중국
나이: 14세

이름: 호민
출신: 베트남
나이: 14세

이름: 김하나
출신: 한국
직업: 선생님

이름: 이진영
출신: 한국
직업: 선생님

고등학교 등장인물

이름: 민우
출신: 한국
나이: 17세

이름: 세인
출신: 우즈베키스탄
나이: 17세

이름: 수호
출신: 몽골
나이: 17세

이름: 나나
출신: 중국
나이: 17세

이름: 김지영
출신: 한국
직업: 선생님

이름: 이진수
출신: 한국
직업: 선생님

이름: 소연
출신: 한국
나이: 17세

이름: 유미
출신: 일본
나이: 17세

내용 구성표

● 의사소통 한국어 4

단원	제목	주제	꼭 배워요(필수)			더 배워요(선택)				
			어휘	문법	기능	대화	부가 문법	읽기	쓰기	문화
1	네가 이렇게 꼼꼼히 공부하고 있는 줄 몰랐어	공부	• 학습 관련 어휘	• –어서 그런지 • –는 줄 알다/모르다 • –었더라면 • –으려다가	• 묻고 답하기 • 후회하기	• 필기 방법 묻고 답하기 • 열심히 공부하지 않은 것에 대해 후회하기	• –다니 • 에 비하면	인터넷 강의 안내	시험 준비 계획 세우기	한국의 교육을 알아보다
2	화재 시에는 문을 함부로 연다거나 엘리베이터를 타면 안 된대	안전·보건	• 재난과 질병 관련 어휘	• –는다거나 • 피동 표현 • –을 뿐만 아니라 • –던	• 대처 방법 지시하기 • 질병 예방법 설명하기	• 화재 발생 시 대피 방법 지시하기 • 식중독 예방법 설명하기	• 으로 인해 • –고서	소화기의 필요성과 사용 방법	재난 상황에서 필요한 물건 쓰기	한국의 위인을 만나다
3	나나도 너한테 미안해하고 있을걸	고민 상담	• 고민 관련 어휘	• –는 대로 • –는다면서 • –고 보니 • –을걸	• 조언 구하기 • 도움 요청하기	• 고민에 대한 조언 구하기 • 고민 해결을 위해 도움 요청하기	• –는 사이에 • –을 정도로	교내 상담 신청 안내	자신의 고민에 대해 쓰고, 다른 사람의 고민에 대해 조언하기	한국 중고등학생의 고민을 들여다보다
4	연습할수록 실력이 점점 더 늘 거야	실습·실기	• 실습과 실기 관련 어휘	• –을수록 • –던데 • –는 모양이다 • –은 채로	• 경고하기 • 과정 묘사하기	• 요리 시 주의 사항 경고하기 • 멀리뛰기를 잘할 수 있는 방법 묘사하기	• –을지도 모르다 • –기만 하다	비빔밥의 유래와 특징	좋아하는 음식 소개하기	한국의 민속놀이를 엿보다
5	소연이가 피아노 정말 잘 치더라	대회 참가	• 대회 관련 어휘	• –는 탓에 • –어 버리다 • –을 뻔하다 • –더라	• 의도 표현하기 • 심정 표현하기	• 대회를 참가하려는 의도 표현하기 • 대회 결과에 대한 심정 표현하기	• –기는 하다 • –을 걸 그랬다	대회 문의	자신이 개최하고 싶은 대회 포스터 만들기	한국인의 관람 문화를 엿보다

6	글도 잘 쓰는 데다가 상상력도 풍부하니까 훌륭한 작가가 될 거야	적성 탐색	• 적성과 직업 관련 어휘	• -는 데다가 • -든지 • 사동 표현 • -나 싶다	• 충고하기 • 동의하기	• 직업 체험 프로그램을 신청하라고 충고하기 • 상대방의 의견에 동의하기	• 뿐 • -더라고	여행 작가 인터뷰	미래의 자신과 인터뷰 하기	나의 적성을 탐색해 보다
7	시간이 없어서 아쉬울 따름이야	봉사 활동	• 봉사 활동 관련 어휘	• -을 따름이다 • -는 김에 • -었던 • -고 해서	• 거절하기 • 정보 구하기	• 친구의 제안 거절하기 • 봉사 활동 정보 구하기	• 만 같아도 • 이나마	봉사 활동 미담	봉사 활동 신문 기사 완성하기	한국인의 나눔 문화를 엿보다
8	힘들더라도 조금만 더 참으세요	진로 상담	• 진학과 취업 관련 어휘	• -는 반면에 • -더라도 • -다시피 • -곤 하다	• 권유하기 • 의견 표현 하기	• 장래 희망에 따라 진로를 정하도록 권유하기 • 대학 진학에 대한 의견 표현하기	• -다 보면 • -에 따라	시대별 인기 직업	미래 선호 직업을 예측하고 나의 꿈 이야기 하기	한국 청소년들의 앞날을 들여다 보다

차 례

01 네가 이렇게 꼼꼼히 공부하고 있는 줄 몰랐어

● 1과에서 무엇을 배우는지 알아봅시다.

더 배워요(선택)
**다양한
학습 방법**

꼭 배워요(필수)
공부하기

학습 도구(선택)
9. 문제 풀기

학습 목표
어떤 일에 대한 방법을 묻고 답할 수 있다.
지난 행동에 대해 후회하는 말을 할 수 있다.

어휘 학습 관련 어휘
문법 −어서 그런지, −는 줄 알다/모르다,
　　 −었더라면, −으려다가

함께 이야기해 봐요

1. 여러분은 무슨 과목을 좋아해요?

2. 여러분이 좋아하는 과목을 재미있게 공부하는 방법이 있어요?

어휘를 배워요

🌑 수업 시간에 무엇을 할까요?

귀를 기울이다

집중하다

공통점
가 = 나
찾아내다

차이점
다 ≠ 라
구별하다

필기하다

⬤ 자습 시간에 무엇을 할까요?

공식

암기하다

요점 정리

참고서

살펴보다

오답 노트

인터넷 강의

단골, 렌즈, 용어, 우승,
원리, 작품, 일교차,
꼼꼼히, 오히려,
넘치다, 맞히다,
서운하다, 솔직하다,
신중하다, 사랑스럽다

문법을 배워요 1

① 무슨 참고서 살지 결정했어?

② 이걸 사려고. 내용도 좋고 디자인도 깔끔해서 좋은 것 같아.

③ 음, 깔끔한 건 좋은데 그림이 별로 없어서 그런지 좀 재미없어 보여.

④ 그래? 난 그림이 많으면 오히려 집중이 안되던데.

-어서 그런지

-아서 그런지, -여서 그런지

앞에 오는 말이 뒤에 오는 말의 원인이나 이유일 것 같다고 추측할 때 쓰는 표현.

저녁을 짜게 먹어서 그런지 계속 목이 말라요.

이 책은 어려운 용어가 많아서 그런지 이해하기가 힘들어.

원리를 제대로 이해하지 못해서 그런지 문제 풀기가 쉽지 않아요.

● '–어서 그런지'를 사용하여 〈보기〉와 같이 문장을 완성해 보세요.

〈보기〉 렌즈를 오래 껴서 그런지 눈이 너무 건조해요. (렌즈를 오래 끼다)

(1) _____ 잠이 오지 않아요. (마음이 불편하다)

(2) _____ 감기에 걸린 친구들이 많은 것 같아요. (일교차가 크다)

가장 어려운 과목이 뭐예요? 왜 그 과목이 어려운 것 같아요?
'–어서 그런지'를 사용하여 말해 보세요.

문법을 배워요 2

① 수호야, 뭐 해?

② 수학 오답 노트 정리하고 있어. 이렇게 하나하나 틀린 걸 정리해 놓으면 공부하는 데 도움이 돼.

③ 와, 네가 이렇게 꼼꼼히 공부하고 있는 줄 몰랐어. 나도 한번 해 봐야겠다. 네가 정리해 놓은 거 자세히 봐도 될까?

④ 물론이지. 잠깐만 기다려. 이 문제까지 다 쓰고 보여 줄게.

–는 줄 알다/모르다

-ㄴ 줄, -은 줄, -ㄹ 줄, -을 줄

어떤 사실이나 상태에 대해 알고 있거나 모르고 있음을 나타내는 표현.

체험 행사에 참여하려면 미리 신청해야 하는 줄 몰랐어.
참고서를 가지고 온 줄 알았는데 찾아 보니까 가방에 없네.
직접 키워 보기 전에는 강아지가 이렇게 사랑스러운 줄 몰랐어요.

● '–는 줄 알았다/몰랐다'를 사용하여 〈보기〉와 같이 이야기해 보세요.

> 〈보기〉
> 가: 우리 팀이 우승했다는 게 사실이야? 믿어지지가 않아.
> 나: 나도. 우리 팀이 이렇게 <u>잘하는 줄 몰랐어</u>. (잘하다)

(1) 뛰어나다

(2) 실력이 좋다

어떤 일을 어떻게 해야 하는지 알아요? 몰라요?
'–는 줄 알다'와 '–는 줄 모르다'를 사용하여 말해 보세요.

① 정호야, 수학 시험은 어땠어? 잘 본 것 같아?

② 잘 모르겠어. 수학 공식을 외웠더라면 몇 문제는 더 답을 맞힐 수 있었을 것 같은데.

③ 너무 걱정하지 마. 그래도 열심히 공부했으니까 좋은 결과가 있을 거야.

④ 고마워. 네 말을 들으니까 좀 안심이 된다.

−었더라면

−았더라면, −였더라면

현재 그렇지 않음을 표현하기 위해 과거 상황과 반대되는 가정을 할 때 쓰는 표현.

그 이야기를 미리 들었더라면 실수를 하지 않았을 거예요.

비가 조금만 더 왔더라면 강물이 넘쳤을 거예요.

미리 요점 정리를 했더라면 이렇게 힘들지 않았을 거야.

● '−었더라면'을 사용하여 〈보기〉와 같이 문장을 완성해 보세요.

〈보기〉 <u>솔직하게 말해 줬더라면</u> 이렇게 화가 나지 않았을 거야. (솔직하게 말해 주다)

(1) _____ 이렇게 후회할 일은 없었을 거예요. (신중하게 생각하고 결정하다)

(2) _____ 이렇게 서운하지 않았을 거야. (그 소식을 미리 알고 있다)

과거에 하지 않아서 현재 후회하는 일이 있어요? '−었더라면'을 사용하여 말해 보세요.

문법을 배워요 4

① 지난번에 내가 말한 인터넷 강의 듣고 있어?

② 아니. 신청해서 들으려다가 귀찮아서 신청 안 했어.

③ 난 자습 시간이나 주말에 들었는데 이번에 성적이 꽤 올랐어.

④ 진짜? 나도 들었더라면 좋았을 텐데. 후회된다.

-으려다가

-려다가

어떤 행동을 할 의도를 가지고 있다가 그 행동을 멈추거나 다른 행동을 하게 됨을 나타내는 표현.

잠을 자려다가 잠이 안 와서 소설책을 읽었어요.

반팔을 입으려다가 추워서 긴팔을 입었어.

미술 작품을 주제에 따라 구별하려다가 시대 순서로 정리했어요.

● '-으려다가'를 사용하여 〈보기〉와 같이 문장을 완성해 보세요.

> 〈보기〉 <u>슈퍼마켓에 들르려다가</u> 피곤해서 바로 집에 왔어. (슈퍼마켓에 들르다)

(1) _____ 힘들어서 그냥 내려왔어. (산꼭대기까지 올라가다)

(2) _____ 예약이 꽉 찼다고 해서 다른 식당으로 갔어요.

(단골 식당에서 밥을 먹다)

어떤 일을 하다가 그만둔 적이 있어요? '-으려다가'를 사용하여 말해 보세요.

한국의 교육을 알아보다

☼ 한국의 학교는 6·3·3·4제도예요. 그리고 첫 학기를 3월에 시작해요.

초등학교

초등학교 6년

1학년
2학년
3학년
4학년
5학년
6학년

한국의 아이들은 만 6세가 되면 모두 초등학교에 입학해요.

중학교

중학교 3년

1학년
2학년
3학년

중학교까지는 의무 교육이기 때문에 꼭 가야 해요.

고등학교

고등학교 3년

1학년
2학년
3학년

한국의 고등학교는
인문계 고등학교,
과학 고등학교, 예술
고등학교, 공업 고등학교
등 매우 다양해요.

대학교

대학교 4년

1학년
2학년
3학년
4학년

한국의 대학은
전공 공부를 할 수 있는
4년제 대학과 직업과 관련된
전문 기술을 배울 수 있는
2년제 전문 대학이 있어요.

여러분은 다른 나라의 학교 제도를 알고 있어요?

01 더 배워요

● 1과에서 무엇을 배우는지 알아봅시다.

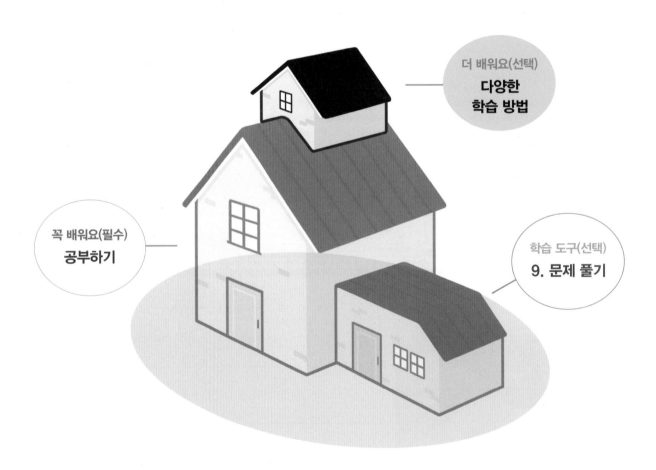

더 배워요(선택)
**다양한
학습 방법**

꼭 배워요(필수)
공부하기

학습 도구(선택)
9. 문제 풀기

노트 필기를 해요.

오답 노트를 작성해요.

다양한
학습 방법

인터넷 강의를 들어요.

공부가 잘되는 장소에 가요.

함께 이야기해 봐요

1. 인터넷 강의의 장단점은 뭐예요?

2. 여러분은 시험을 보기 전에 시험 준비 계획을 어떻게 세워요?

대화해 봐요 1

호민이가 와니에게 부탁하고 있어요. ▨로 확인해 보세요.

호민이가 와니에게 필기 방법을 묻고 있어요.
먼저 ▨로 확인해 보세요.

질문에 답하세요.

1. 내용과 같으면 O, 다르면 X 하세요.

(1) 호민은 와니에게서 노트를 빌렸습니다.　　　　　(　　　　　)

(2) 호민은 자신의 필기 방법에 만족해하고 있습니다.　(　　　　　)

(3) 와니는 노트 필기를 할 때 형광펜을 사용합니다.　(　　　　　)

2. 여러분은 필기할 때 중요한 내용을 어떻게 표시해요?

→
_____

 와니가 필기의 장점을 말하고 있어요.
▨로 확인해 보세요.

 전체 대화를 들어 보세요.

■ **활용하기**

정호가 선영이의 오답 노트를 보고 있어요.

 : 선영아, 여기 빨간색 별표로 표시해 놓은 건 뭐야?

 : 그건 선생님께서 이번 시험에서 학생들이 가장 많이 틀린 문제라고 알려 주신 거야.

 : 그래? 그런데 여기 밑줄 그어 놓은 건?

 : 지난번에 틀린 문제와 비슷해서 한 번 더 확인하려고 밑줄 그어 놓았어.

대화해 봐요 2

 세인이가 인터넷 강의를 듣지 않는 이유를 말하고 있어요.
▓로 확인해 보세요.

 세인이가 후회하고 있어요. 먼저 ▓로 확인해 보세요.

① 세인아, 지난번에 말한 수학 인터넷 강의 말이야. 기초 단계로 신청해서 듣고 있어?

② 아니. 들으려다가 문제집 사서 풀고 있어. 선생님께서 문제집 한 권을 추천해 주셨거든. 그런데 너무 어려워. 그동안 수학을 열심히 공부했더라면 이렇게 힘들지 않았을 텐데.

③ 그렇구나. 그럼 인터넷 강의도 들으면서 문제집을 풀어 보는 게 어때? 인터넷 강의를 들으면 이해 안되는 부분을 반복해서 들을 수도 있고, 필요한 부분만 골라서 들을 수도 있잖아. 우리처럼 기초가 부족한 사람들한테는 이런 기초 강의가 딱이야.

④ 그래? 그럼 한번 들어 볼까?

⑤ 응. 내가 듣고 있는 강의 소개해 줄게. 지난번에 신청한 강의에 비하면 훨씬 쉬울 거야.

질문에 답하세요.

1. 내용과 같으면 O, 다르면 X 하세요.

   (1) 세인이는 요즘 기초 단계의 인터넷 강의를 듣고 있습니다.   (   )

   (2) 나나는 세인이에게 문제집을 소개해 주었습니다.   (   )

   (3) 세인이와 나나는 수학의 기초가 부족합니다.   (   )

2. 여러분은 수학의 기초를 쌓기 위해 어떻게 공부하는 게 좋다고 생각해요?

   ➡ _____

 세인이가 나나에게 고마워하고 있어요.
🔳로 확인해 보세요.

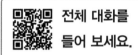 전체 대화를
들어 보세요.

▨ **활용하기**

어디에서 공부하는 것이 유미에게 좋을까요?

 : 민우야, 너 어제 커피숍에서 공부했지? 어땠어?

 : 그게 너무 시끄러워서 공부가 잘 안됐어. 도서관으로 갔더라면 조용한 분위기에서
공부할 수 있었을 텐데.

 : 그렇구나. 나도 오늘 커피숍에서 공부해 볼까 했는데 안 되겠다.
난 주변이 조용해야 공부가 잘되는 편이거든.

읽고 써 봐요

¤ **다음을 읽고 질문에 답하세요.**

김유진 선생님의 즐거운 수학 Ⅰ   수학, 포기하지 말자!

강의 맛보기

수강 신청하기

| 강의 소개 | 강의 목록 | 학습 Q&A | 수강 후기 | 자료실 |

- **과목** 수학 Ⅰ
- **강의 시수** 60시간
- **대상 학년** 고 1, 고 2
- **교재** 즐거운 수학 Ⅰ

새 학기가 시작되었습니다. 새로운 마음으로 수학을 열심히 공부하려다가 개념이 이해가 안 돼서, 공식을 외워도 문제를 못 풀어서 수학을 포기하셨다고요? 그렇다면 김유진 선생님을 만나 보세요. "수학, 이렇게 쉽고 재미있는 줄 몰랐어요!"라고 느끼실 겁니다.

누구나 이해할 수 있도록 개념을 쉽게 설명해 드립니다. 유형별로 문제를 어떻게 푸는지 자세히 알려 드립니다. 하루에 30분만 수학에 시간을 투자해 보세요. 수학 공부에 자신감이 생길 겁니다.

안내 사항
- 교재는 각자 구입해 주시기 바랍니다.   교재 구입하러 가기
- 교재 외 다른 자료는 자료실에서 내려받을 수 있습니다.
- 강의를 들어 보고 싶으면 강의 맛보기를 클릭해 보세요. 무료 강의가 제공됩니다.

1. 읽은 내용과 같으면 O, 다르면 X 하세요.

(1) 이 강의를 신청하면 책을 무료로 받을 수 있다.   (   )

(2) 이 강의는 고등학생이면 누구나 들을 수 있다.   (   )

(3) 이 강의는 하루에 30분만 들으면 된다.   (   )

2. 이 강의는 누구를 대상으로 얼마 동안 진행돼요?

3. 무료 강의를 들어 보고 싶으면 어떻게 해야 해요?

¤ 다음 주에 중간고사가 있어요. 시험 시간표를 보고 시험 준비 계획을 세워 보세요.

〈중간고사 시험 일정〉

	4.14.	4.15.	4.16.	4.17.
1교시	역사	국어	기술가정	자습
2교시	음악	중국어	체육	사회
3교시	수학	과학	영어	미술

〈중간고사 시험 일정〉

교과서 복습하기	문제집 풀기
인터넷 강의 듣기	단어 암기
요점 정리 살펴보기	참고서 읽기
오답 노트 확인하기	……

나의 시험 준비 계획

13(일)	☐ (예시) 역사, 음악, 수학 교과서 복습하기 ☐ ☐
14(월)	☐ ☐ ☐
15(화)	☐ ☐ ☐
16(수)	☐ ☐ ☐
17(목)	☐ (예시) 시험지 채점하기 ☐

02 화재 시에는 문을 함부로 연다거나 엘리베이터를 타면 안 된대

● 2과에서 무엇을 배우는지 알아봅시다.

더 배워요(선택)
위급 상황 대처 방법

꼭 배워요(필수)
질병과 화재 상황에 대처하기

학습 도구(선택)
10. 발표하기

학습 목표
어떤 일에 대한 대처 방법을 지시할 수 있다.
질병 예방법을 설명할 수 있다.

어휘 재난과 질병 관련 어휘
문법 —는다거나, 피동 표현,
　　 —을 뿐만 아니라, —던

① 여러분, 불이 나면 어떻게 해야 하죠?

③ 119에 전화해서 뭐라고 말해야 할까요?

② 주변에 도움을 구한다거나 직접 119에 신고해요.

④ 불이 났다고 이야기하고 정확한 위치를 알려 줘요.

함께 이야기해 봐요

1. 화재가 났을 때 어떻게 해야 해요?

2. 화재가 났을 때 무엇을 하면 안 돼요?

어휘를 배워요

● 화재가 발생했어요. 어떻게 해야 할까요?

● 병은 치료보다 예방이 더 중요해요.

위생

청결을 유지하다

환기를 시키다

마스크

예방 접종

골, 공격, 관심사, 당번,
대사, 상대, 소재, 시력,
부끄러움, 전선, 질병, 해설,
함부로, 꺾이다, 독특하다,
상쾌하다, 흥미롭다

문법을 배워요 1

① 영수야, 뭐 보고 있어?

③ 그래?
불이 나면 어떻게 해야 된대?

② 선생님이 나눠 주신 화재
대피 방법 설명서를 읽고 있어.
알고 있어야 할 것 같아서.

④ 화재 시에는 문을 함부로
연다거나 엘리베이터를 타면
안 된대. 계단으로 대피해야 한대.

—는다거나

—ㄴ다거나, —다거나

여러 가지 행위를 예로 들어 나열하면서 설명할 때 쓰는 표현.

남이 발표할 때 웃는다거나 떠든다거나 하면 발표에 방해가 되니 조심해야 해요.
취향이 비슷하다거나 관심사가 같으면 훨씬 더 빨리 친해지는 것 같아.
전자 제품의 전선이 벗겨져 있다거나 꺾여 있다거나 하면 화재가 날 수 있어요.

● '—는다거나'를 사용하여 〈보기〉와 같이 이야기해 보세요.

〈보기〉
가: 모르는 문제가 있을 때 어떻게 해야 할까?
나: 친구한테 물어본다거나 선생님께 여쭤봐. (친구한테 물어보다)

(1) 인터넷으로 검색하다
(2) 문제 해설을 읽다

여러분은 무슨 일들을 할 때 보람을 느껴요? '—는다거나'를 사용하여 말해 보세요.

문법을 배워요 2

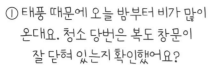

① 태풍 때문에 오늘 밤부터 비가 많이 온대요. 청소 당번은 복도 창문이 잘 닫혀 있는지 확인했어요?

② 네, 선생님. 다 확인했어요.

③ 그리고 여러분, 내일 학교에 올 때 비가 안 와도 우산 꼭 챙겨 오세요.

④ 네, 알겠습니다.

피동 표현

주어의 의지와 상관없이 외부적인 영향에 의한 상황의 변화를 의미하는 표현.

수호가 모기에 물렸어요.

친구랑 통화를 하는데 갑자기 전화가 끊어졌어요.

선생님의 설명을 듣고 모르는 단어의 뜻을 알게 되었어요.

● '피동 표현'을 사용하여 〈보기〉와 같이 이야기해 보세요.

〈보기〉	가: 누가 문을 열었어요? (문을 열다) 나: 모르겠어요. 아까부터 문이 열려 있었어요.

(1) 책을 여기에 놓다

(2) 꽃병에 물을 담다

지진이 나면 어떤 일이 생겨요? '피동 표현'을 사용하여 말해 보세요.

문법을 배워요 3

① 호민아, 너 눈이 왜 이렇게 빨갛니?

② 눈이 가려워서 좀 비볐더니 빨개졌어요.

③ 그럼 얼른 보건실에 가 봐. 계속 눈을 비비면 가려운 증상이 더 심해질 뿐만 아니라 시력이 나빠질 수도 있어.

④ 네, 선생님. 쉬는 시간에 바로 가 볼게요.

−을 뿐만 아니라

−ㄹ 뿐만 아니라

앞의 말의 내용에 더해 뒤의 말의 내용까지 작용함을 나타내는 표현.

운동을 꾸준히 하면 기분이 상쾌해질 뿐만 아니라 건강에도 도움이 돼요.

이 가게 옷은 디자인이 독특할 뿐만 아니라 질도 좋아서 마음에 들어요.

그 선수는 골을 잘 넣을 뿐만 아니라 상대 선수의 공격도 잘 막는 것 같아.

● '−을 뿐만 아니라'를 사용하여 〈보기〉와 같이 이야기해 보세요.

〈보기〉
가: 요즘 이 드라마 인기가 대단하다고 들었어.
나: 응. 내용이 재미있을 뿐만 아니라 배우들도 연기를 잘하거든. (내용이 재미있다)

(1) 대사에 공감이 가다

(2) 소재가 흥미롭다

친구에게 장점이 많아요. '−을 뿐만 아니라'를 사용하여 말해 보세요.

문법을 배워요 4

① 어제 내가 뉴스를 봤는데 손만 제대로 씻어도 질병을 예방할 수 있대.

② 비누 없이 물로만 씻어도 질병이 예방된대?

③ 응. 하지만 비누로 씻으면 예방 효과가 더 크대.

④ 정말? 나는 다른 사람이 쓰던 비누로 손을 씻으면 더 안 좋을 거라고 생각했어.

–던

앞의 말이 관형어의 기능을 하게 만들고 사건이나 동작이 과거에 완료되지 않고 중단되었음을 나타내는 어미.

이 주스 네가 마시던 거였어? 너무 목이 말라서 내가 다 마셨는데 어떡하지?

감기에 자주 걸리던 유미가 올해는 예방 접종을 하더니 한 번도 감기에 걸리지 않았어.

그렇게 부끄러움이 많던 아이가 연예인이 되었다니 믿기지 않아요.

● '–던'을 사용하여 〈보기〉와 같이 문장을 완성해 보세요.

〈보기〉 하던 일을 잠깐 멈추고 저녁을 먹었어요. (하다)

(1) 어제 내가 _____ 책을 누가 어디에 치웠지? (읽다)

(2) 옆집 형은 작년에 _____ 회사를 그만두고 새로운 일을 시작했어요. (다니다)

친구가 있어요. 옛날에 어떤 행동을 한 친구예요? '–던'을 사용하여 말해 보세요.

한국의 위인을 만나다

¤ 여러분은 한국의 위인 중에서 누구를 알고 있어요?

한국의 옛날 사람 중에
훌륭한 사람에 대해 이야기해 볼까?
너희들은 가장 먼저 누가 생각이 나?

난 허준이 생각이 나.
허준은 조선 시대에 아주 유명한 의사였어.
《동의보감》이라는 유명한 의학 서적도
만들었는데 이 책은 현대 한의사들도
공부하는 책이야.

난 이순신 장군이 떠올라. 나라가
위험해지기 전에 미리 군사력을 키우자는
주장을 하면서 거북선이라는 걸 만드셨어.
거북선은 전쟁에서 사용되는 전투선인데
나라를 위험에서 구하는 데
도움이 되었대.

위인 하면 장영실을 빼
놓을 수 없지. 조선 시대에 다양한
발명품을 만들었어.
그 발명품들은 지금 봐도 참 대단해.

난 대장금!
요리 실력뿐만 아니라
의술도 뛰어난 정말
멋진 여성이야!

야, 대장금은
드라마 속 인물이잖아.

아니야.
실제로 조선 시대에
있었던 사람이래.

여러분은 다른 나라의 위인을 알고 있어요?

02

더 배워요

● 2과에서 무엇을 배우는지 알아봅시다.

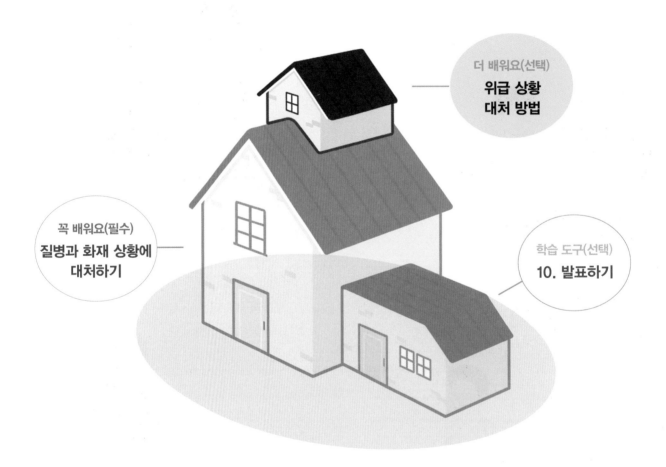

더 배워요(선택)
**위급 상황
대처 방법**

꼭 배워요(필수)
**질병과 화재 상황에
대처하기**

학습 도구(선택)
10. 발표하기

불이 났어요.

지진이 났어요.

위급 상황
대처 방법

식중독에 걸렸어요.

독감이 유행해요.

함께 이야기해 봐요

1. 여러분은 소화기를 사용해 봤어요?

2. 위급 상황에 대처하기 위해서는 무슨 물건이 필요할까요?

대화해 봐요 1

학생들이 화재 예방 동영상을 보고 있어요. ▒로 확인해 보세요.

선생님이 학생들에게 대피할 때 주의 사항을 이야기해 주고 있어요.
먼저 ▒로 확인해 보세요.

① 여러분, 영상 잘 봤어요?
화재가 났을 때 가장 먼저
뭘 해야 해요?

② 큰소리로 불이 났다고
외친다거나 화재 경보 비상벨을
눌러서 주변에 알려야 해요.

③ 맞아요. 불이 났을 때는 빠르게 화재 장소에서
벗어나는 것이 중요해요. 이때 연기를 마시지
않도록 조심하세요. 그러려면 한 손으로 코와
입을 막고 낮은 자세로 이동해야 해요.

④ 선생님, 낮은 자세로 이동하면
빨리 대피할 수 없잖아요.
그냥 뛰어서 나가면 안 돼요?

⑤ 그러면 큰일 날 수 있어요. 화재로 인해 사망하는 사람
대부분이 연기를 마셔서 그런 거예요. 연기는 바닥에
깔리지 않고 위로 올라가기 때문에 자세를 낮춰야 하는
거죠. 달리기를 하려면 자세를 낮출 수 없잖아요. 그러니까
아무리 달리기를 잘해도 절대 그렇게 하면 안 됩니다.

⑦ 그럼 낮은 자세로 어떻게
이동하면 되는지 확인하기 위해
다시 영상을 봅시다.

⑥ 네, 알겠습니다.

▌▌ 질문에 답하세요.

1. 내용과 같으면 O, 다르면 X 하세요.

(1) 화재 장소에서 벗어날 때는 코와 입을 막는 것이 좋습니다.　　　(　　　)

(2) 화재 발생 시 연기를 마시고 사망하는 사람은 거의 없습니다.　　　(　　　)

(3) 화재가 나면 연기가 위로 올라가지 않고 바닥에 깔립니다.　　　(　　　)

2. 집에 화재가 발생하는 것을 예방하기 위해서 우리는 무엇을 할 수 있을까요?

➜ _____

  두 사람이 동영상을 보고 느낀 점에 대해 이야기하고 있어요. ▦로 확인해 보세요.

 전체 대화를 들어 보세요.

▨ **활용하기**

선생님께서 지진 발생 시 주의 사항을 알려 주고 계세요.

 : 지진이 났을 때는 운동장 같은 넓은 공간으로 빨리 대피해야 해요.

 : 네. 선생님, 빨리 대피하려면 엘리베이터를 타야 하죠.

 : 그러면 큰일 날 수 있어요. 아무리 밖으로 빨리 대피하고 싶어도 엘리베이터는 타면 안 돼요.

 : 네, 알겠습니다.

대화해 봐요 2

엄마가 민우에게 주의를 주고 있어요. ▦로 확인해 보세요.

엄마가 식중독 예방법을 민우에게 설명하고 있어요.
먼저 ▦로 확인해 보세요.

① 엄마, 어제 제가 먹던 케이크랑 우유 못 보셨어요? 선영이는 안 먹었다는데요.

② 그거? 상한 것 같아서 아침에 버렸어. 엄마가 먹고서 남은 건 냉장고에 꼭 넣으라고 했잖아.

④ 아니야. 조심하지 않으면 식중독에 걸릴 수 있어. 식중독은 상한 음식을 먹었을 때 걸리는 병인데 특히 요즘처럼 더운 여름에 많이 걸려. 식중독에 걸리면 복통으로 고생할 뿐만 아니라 열도 나고 설사도 해.

⑤ 그래요? 몰랐어요. 그럼 음식을 냉장고에만 잘 보관하면 식중독을 예방할 수 있어요?

③ 아, 깜박했어요. 죄송해요. 그런데 몇 시간 만에 정말 상했을까요? 전 그냥 먹어도 괜찮았을 것 같은데.

⑥ 응, 그렇지. 그리고 그것 말고도 이렇게 손도 자주 씻고 음식을 익혀서 먹으면 식중독 예방에 도움이 돼.

▌▌ 질문에 답하세요.

1. 내용과 같으면 O, 다르면 X 하세요.

(1) 남자는 어제 먹던 케이크를 냉장고에 넣었습니다.   (   )

(2) 식중독은 상한 음식을 먹었을 때 걸릴 수 있는 병입니다.   (   )

(3) 음식을 익혀 먹는 것은 식중독 예방에 도움이 됩니다.   (   )

2. 여름에는 무슨 병에 걸리기 쉬워요? 그 병을 예방하기 위한 방법에는 어떤 것이 있어요?

➜ _____

  민우가 자신이 알고 있는 정보를 다른 사람에게 전달하고 있어요. ▦로 확인해 보세요.

 전체 대화를 들어 보세요.

▨ 활용하기

> 나나가 병원에서 진찰을 받고 있어요.

 : 어디가 아파서 오셨어요?

 : 약을 먹어도 열이 안 내려서 왔어요. 열이 날 뿐만 아니라 몸 여기저기도 쑤시고 아파요.

 : 어디 좀 볼까요? 음, 독감이네요. 독감은 겨울에 많이 걸리는 독한 감기인데 잘 낫지 않으니 푹 쉬고 시간 맞춰 약도 잘 복용해야 해요. 내일 한 번 더 오세요.

 : 네, 알겠습니다.

읽고 써 봐요

¤ **다음을 읽고 질문에 답하세요.**

⟨내 손 안의 작은 소방서, 소화기⟩

　　화재는 언제, 어디서, 어떻게 발생할지 모르기 때문에 항상 대비하고 있어야 한다. 아무리 작은 불씨라도 조심하지 않으면 순식간에 큰 화재로 이어질 수 있다. 그렇기 때문에 화재가 났을 때 가장 중요한 것이 초기에 불을 끄는 것이다. 이때 가장 큰 역할을 하는 것이 소화기이다.

　　소화기는 어디에서나 쉽게 구할 수 있을 뿐만 아니라 사용 방법 또한 간단하다. 소화기를 사용하는 방법은 다음과 같다.

① 소화기의 안전핀을 뽑는다.

② 바람을 등 뒤로 하고 호스를 불 쪽으로 향하게 잡는다.

③ 손잡이를 꽉 잡고 눌러 준다.

　　이렇게 소화기를 사용하는 방법을 정확하게 알고 있으면 화재로 인한 재난으로부터 조금 더 안전해질 것이다. 그러기 위해서는 평소 우리 주변에 소화기가 어디에 있는지 확인해 두어야 할 것이다.

---

1. 읽은 내용과 같으면 O, 다르면 X 하세요.

    (1) 소화기를 구하는 일은 쉽지 않다. 　　　　　　　　　　（　　　　　）

    (2) 소화기는 화재 현장에서 중요한 역할을 한다. 　　　　（　　　　　）

    (3) 호스는 바람이 부는 방향을 향하게 해야 한다. 　　　　（　　　　　）

2. 화재 발생 초기에 불을 꺼야 하는 이유는 뭐예요?

3. 소화기를 사용할 때 가장 먼저 무엇을 해야 해요?

¤ **각각의 재난 상황에서 필요한 물건에는 무엇이 있을까요?**

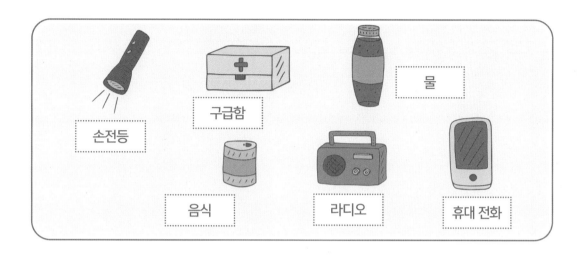

재난 상황	물건	이유
지진		
폭설		
홍수		

03 나나도 너한테 미안해하고 있을걸

● 3과에서 무엇을 배우는지 알아봅시다.

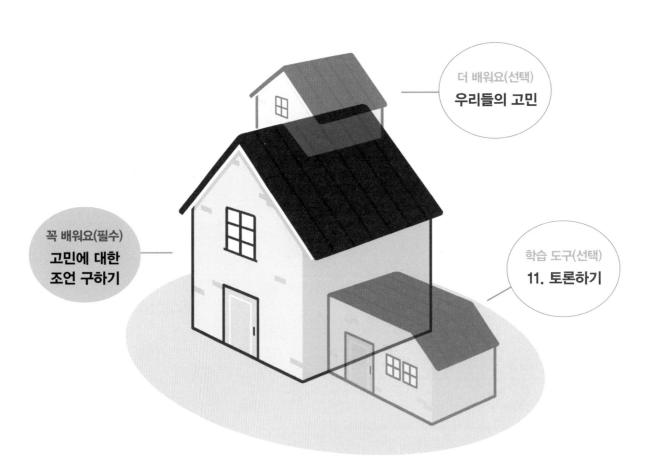

더 배워요(선택)
우리들의 고민

꼭 배워요(필수)
**고민에 대한
조언 구하기**

학습 도구(선택)
11. 토론하기

학습 목표
고민에 대해 말하고 조언을 구할 수 있다.
어려운 상황에서 다른 사람에게 도움을 요청할 수 있다.

어휘 고민 관련 어휘
문법 −는 대로, −는다면서,
　　 −고 보니, −을걸

함께 이야기해 봐요

1. 여러분은 무슨 고민이 있어요?

2. 그 고민을 어떻게 해결할 수 있을까요?

어휘를 배워요

여러분은 무슨 고민이 있어요?

다투다

소심하다

소질이 없다

여러분은 고민이 있을 때 마음이 어때요?

걱정스럽다

괴롭다

막막하다

우울하다

초조하다

⬤ 여러분은 고민이 있을 때 누구에게 이야기해요?

상의하다

⬤ 고민을 이야기하면 무엇이 좋아요?

위로

조언

충고

해결책

결승, 소문, 전문가,
자기소개서, 졸음,
지름길, 지식, 추천서,
꼭, 막상, 쫓다,
못지않다, 순수하다,
진지하다

문법을 배워요 1

① 머리 모양을 바꾸고 싶은데 어떤 머리가 어울릴지 모르겠어.

② 단발머리로 잘라 보는 건 어때?

③ 잘랐는데 이상하면 어떻게 해?

④ 아니야. 잘 어울릴 거야. 내가 말하는 대로 잘라 봐.

–는 대로

–ㄴ 대로, –은 대로

앞에 오는 말이 뜻하는 현재의 행동이나 상황과 같음을 나타내는 표현.

내가 하는 대로 따라 하면 졸음을 쫓을 수 있을 거야.

할머니가 알려 주신 대로 손바닥을 꼭 눌렀더니 속이 편안해졌어요.

선생님이 조언해 주신 대로 책 읽는 습관을 길러 보기로 했어.

● '–는 대로'를 사용하여 〈보기〉와 같이 문장을 완성해 보세요.

〈보기〉 내가 지름길을 알려 줄 테니까 <u>가리키는 대로</u> 가 봐. (가리키다)

(1) 무슨 일이 있었는지 네가 _____ 말해 봐. (보다)

(2) 어떤 제품이 좋은지 몰라서 매장 직원이 _____ 사 가지고 왔어. (추천하다)

무엇을 따라서 어떤 일을 해요. '–는 대로'를 사용하여 말해 보세요.

문법을 배워요 2

① 요즘 성적 때문에 고민이 많다면서?

② 응. 요즘 계속 성적이 떨어져서. 공부를 안 하는 것도 아닌데 왜 그런지 모르겠어.

③ 음, 공부 방법을 바꿔 보면 어떨까?

④ 공부 방법? 알았어. 한번 진지하게 고민해 볼게.

ㅡ는다면서

–ㄴ다면서, –다면서

말하는 사람이 들어서 아는 사실을 확인하여 물음을 나타내는 종결 어미.

내일 월드컵 결승 경기가 열린다면서?

그 식당은 그날 준비한 재료를 다 쓰면 문을 닫는다면서?

요즘 고민 때문에 많이 우울하다면서?

● '–는다면서'를 사용하여 〈보기〉와 같이 이야기해 보세요.

〈보기〉
가: 소연이가 반 대표로 노래 대회에 나간다면서? (반 대표로 노래 대회에 나가다)
나: 응. 다들 소연이가 잘할 거라고 믿고 있어.

(1) 체육 대회 때 달리기 선수로 나오다

(2) 너희 조 대표로 발표하다

다른 사람에게 확인하고 싶은 것이 있어요? '–는다면서'를 사용하여 친구에게 말해 보세요.

문법을 배워요 3

① 어떡하지? 내가 너 밥 사 주려고 했는데 지갑을 열고 보니까 돈이 하나도 없지 뭐야. 미안하지만 오늘은 네가 사야겠다.

② 그래. 그건 괜찮은데 벌써 용돈을 다 썼어?

③ 응, 그러게.

④ 그러니까 좀 아껴 쓰지 그랬어.

–고 보니

앞의 말이 나타내는 행동을 하고 난 후에 뒤의 말이 나타내는 사실을 새로 깨달음을 나타내는 표현.

부모님 말씀을 듣고 보니 내 생각이 짧았다는 것을 깨닫게 됐어.
와니와 친해지고 보니 와니가 얼마나 순수한 아이인지 알 것 같아.
기타가 어려울 줄 알았는데 막상 시작하고 보니 별로 어렵지 않았어요.

● '–고 보니'를 사용하여 〈보기〉와 같이 문장을 완성해 보세요.

> 〈보기〉 선영이와 이야기를 나누고 보니 선영이의 상황이 이해가 됐어. (선영이와 이야기를 나누다)

(1) _____ 사람들이 그 작가를 좋아하는 이유를 알 것 같아. (그 작가의 소설을 읽다)
(2) _____ 왜 맛집으로 소문이 났는지 알겠어. (그 식당에 직접 가다)

반 친구 중에 첫인상과 실제 성격이 다른 친구가 있어요? '–고 보니'를 사용하여 말해 보세요.

① 내가 아까 나나한테 말이 좀 심했지?

② 응. 네가 먼저 사과하는 게 좋을 것 같은데.

③ 그런데 어떻게 말해야 할지 모르겠어. 이따가 같이 가 주면 안 돼?

④ 같이? 그것보다 혼자 가서 사과하는 게 좋을 것 같아. 지금쯤 나나도 너한테 미안해하고 있을걸.

–을걸

–ㄹ걸

미루어 짐작하거나 추측함을 나타내는 종결 어미.

그 대회에 나가려면 선생님의 추천서가 필요할걸.

이것저것 배워 보면 네가 무엇에 소질이 있는지 알게 될걸.

수호는 축구를 좋아하니까 축구에 대한 지식이 전문가 못지않을걸.

● '–을걸'을 사용하여 〈보기〉와 같이 이야기해 보세요.

〈보기〉
가: 학교 방송반에 들어가고 싶은데 어떻게 해야 하는지 알아?
나: 아마 <u>모집 기간이 따로 있을걸</u>. (모집 기간이 따로 있다)

(1) 면접을 봐야 하다

(2) 신청서랑 자기소개서를 내야 하다

미래의 어떤 일을 상상해 보세요. 그 일에 대해 '–을걸'을 사용하여 말해 보세요.

한국 중고등학생의 고민을 들여다보다

¤ 친구들은 무슨 고민을 가지고 있을까요?

54%의 청소년이 '공부' 때문에 고민하고 있는 것으로 조사되었다. 그다음으로 '외모(12%)', '직업(10%)', '건강(5%)', '용돈 부족(4%)'과 '친구(4%)' 순으로 나타났다. 이에 반해 '고민이 없다'고 응답한 청소년은 4%에 그쳤다. 이 조사 결과를 통해 한국 청소년들이 무엇보다 공부에 대한 고민이 가장 크다는 것을 알 수 있었다.

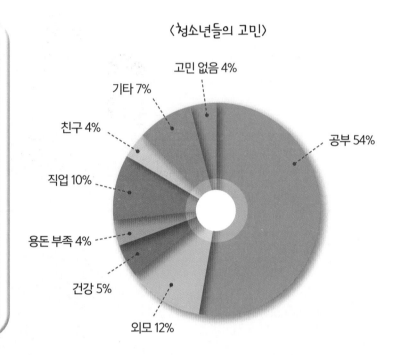

〈청소년들의 고민〉

고민 없음 4%
기타 7%
친구 4%
직업 10%
용돈 부족 4%
건강 5%
외모 12%
공부 54%

¤ 고민을 누구와 나눌까요?

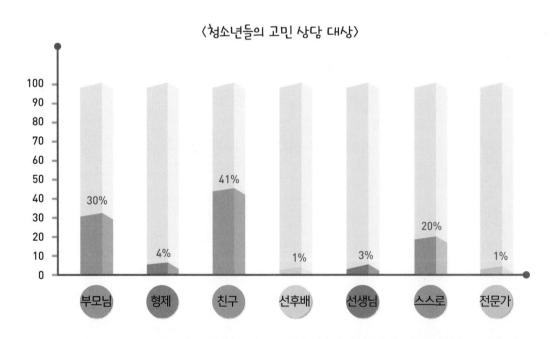

〈청소년들의 고민 상담 대상〉

부모님 30%
형제 4%
친구 41%
선후배 1%
선생님 3%
스스로 20%
전문가 1%

출처: 2016년 사회 조사 결과(2016. 11. 15. 통계청)

¤ 여러분은 고민으로 인한 스트레스를 어떻게 해소해요?

너희는 스트레스를 어떻게 풀어?

난 운동을 해. 운동하면서 땀을 흘리면 기분도 상쾌해지고 스트레스도 다 사라져.

난 단 음식을 먹으면 스트레스가 풀리거든. 그래서 케이크를 먹어.

난 노래방에 가. 큰소리로 노래를 부르면서 춤을 추면 스트레스가 모두 해소돼.

난 게임을 해. PC방에서 친구들이랑 게임을 하면 모든 고민을 잊을 수 있고 스트레스도 없어져.

난 떡볶이를 먹어. 스트레스 해소에는 매운 음식이 최고거든.

여러분은 스트레스를 어떻게 풀어요?

03

더 배워요

● 3과에서 무엇을 배우는지 알아봅시다.

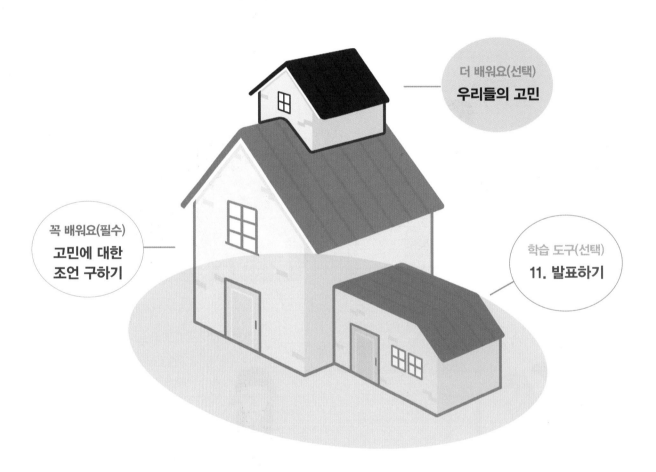

더 배워요(선택)
우리들의 고민

꼭 배워요(필수)
**고민에 대한
조언 구하기**

학습 도구(선택)
11. 발표하기

친구를 사귀고 싶어요.

발표를 잘하고 싶어요.

우리들의
고민

잠이 오지 않아요.

스트레스가 많아요.

함께 이야기해 봐요

1. 여러분은 학교 상담실을 이용해 본 적이 있어요?

2. 여러분은 친구에게 조언을 해 준 경험이 있어요? 무슨 조언을 해 줬어요?

대화해 봐요 1

 호민이가 선생님과 약속을 정하고 있어요. ▨로 확인해 보세요.

 선생님이 호민이에게 조언해 주고 있어요.
먼저 ▨로 확인해 보세요.

① 선생님, 제가 성격이 내성적이라서 그런지 반 친구들과 잘 어울리지 못하는 것 같아요.

② 그래? 작년에도 같은 문제로 고민했었니?

③ 네. 작년에도 처음에는 적응을 잘 못해서 힘들었어요. 시간이 좀 지나니까 익숙해져서 친한 친구들이 생겼지만요.

④ 그럼 아직 학기 초니까 크게 걱정하지 않아도 될 것 같은데. 계속 걱정이 되면 다음 주에 있을 팀 활동에서 팀장이 되어 친구들을 이끌어 보는 건 어때? 그렇게 모든 일에 적극적으로 참여하면 너도 모르는 사이에 친구들하고 자연스럽게 어울리게 될 거야.

⑤ 제가 잘할 수 있을까요? 한 번도 그런 걸 해 본 적이 없어요.

⑥ 그럼, 당연히 잘할걸. 자기 자신을 믿어 봐.

⑦ 네. 선생님께서 말씀해 주신 대로 한번 해 볼게요. 감사합니다.

▌▌ 질문에 답하세요.

1. 내용과 같으면 O, 다르면 X 하세요.

   (1) 호민이는 자신의 성격이 활발하다고 생각합니다. 　　　　　(　　　　)

   (2) 호민이는 작년에도 지금과 비슷한 고민을 했습니다. 　　　　(　　　　)

   (3) 선생님은 호민이에게 팀장을 해 보라고 조언해 줬습니다. 　(　　　　)

2. 친구들과 잘 어울리기 위해서는 어떻게 해야 할까요?

   ➡ _____

 호민이가 친구들에게 자신의 생각을 이야기하고 있어요.
🔲로 확인해 보세요.

 전체 대화를
들어 보세요.

▨ 활용하기

선영이가 와니에게 발표를 잘할 수 있는 방법을 알려 주고 있어요.

 : 선영아, 발표할 때 나도 너처럼 자신감 있는 태도로 발표를 하고 싶은데
어떻게 해야 자신감이 있어 보일지 모르겠어.

 : 지금도 잘하고 있어. 그런데 계속 걱정이 되면 거울을 보면서 연습을 좀 해 봐.
그렇게 몇 번 연습하면 긴장하지 않고 자신감 넘치는 모습으로 발표할 수 있게 될 거야.

 : 그게 도움이 될까? 그럼 네가 알려 준 대로 한번 해 볼게.

대화해 봐요 2

 민우가 소연이에게 수호의 소식을 알려 줘요. ▦로 확인해 보세요.

 수호와 소연이가 서로의 고민에 대해 이야기해요.
먼저 ▦로 확인해 보세요.

① 수호야, 민우한테 들었는데 너 요즘 아침마다 수영 배우러 다닌다면서?

② 응. 아침에 일어나는 것도 힘들고 수업 시간에 집중이 안될 정도로 체력이 떨어져서 올 초부터 다짐한 일이야. 체력 좀 길러 보려고 말이야.

③ 그래? 어디 아픈 건 아니야? 병원부터 가 보지 그랬어?

④ 가 봤는데 어디가 아픈 건 아니래. 그냥 체력이 떨어져서 그런 거야.

⑤ 정말? 난 요즘 잠을 통 못 자서 고민이었는데. 네 말을 듣고 보니 나도 체력이 떨어져서 그런가? 아무리 자려고 해도 잠이 들지 않아서 밤마다 너무 괴로워.

⑥ 그럼 소연이 너도 나하고 같이 수영 한번 다녀 볼래? 매일 새벽에 수영장에 다니면 체력이 좋아질 거야.

⑦ 그래, 그래야겠다. 내일부터 같이 다니자.

새 표현

상당히　　실천　　굉장하다　　다짐하다　　통　　쏟아지다　　기운
꾸준히　　-을 정도로

질문에 답하세요.

1. 내용과 같으면 O, 다르면 X 하세요.

   (1) 수호는 체력을 기르기 위해 수영을 배우고 있습니다.　　　　　(　　　　)

   (2) 소연이는 밤에 잠을 제대로 못 자고 있습니다.　　　　　　　　(　　　　)

   (3) 수호는 소연이에게 다양한 운동을 소개해 줬습니다.　　　　　(　　　　)

2. 여러분은 건강을 지키기 위해 무슨 노력을 하고 있어요?

   ➜ _____

 소연이도 수영장에 다니기 시작했어요.
▨로 확인해 보세요.

 전체 대화를 들어 보세요.

▨ 활용하기

나나가 왜 요가를 배우기 시작했을까요?

 : 너 요가 시작했다면서? 갑자기 웬 요가야?

 : 몸도 안 좋고 머리도 복잡해서 시작했어. 한 달 정도 됐는데 효과가 있는 것 같아.

 : 그래? 나도 요즘 스트레스 때문인지 통 기운이 없어서 고민이었는데.
아무리 기운을 차리려고 해도 힘이 안 나.

 : 그럼 너도 요가 한번 배워 볼래? 한 달 정도 꾸준히 하면 좋아질 거야.

읽고 써 봐요

¤ **다음을 읽고 질문에 답하세요.**

안내문   교내 상담 신청 안내

상담 안내

여러분, 고민이 있어서 혼자 힘들어하고 있지는 않습니까? 주변 사람들에게 고민을 털어놓고 보니 소문이 날 것 같아서 후회가 됩니까? 그렇다면 앞으로는 학교 상담실을 이용해 보세요. 전문 상담 선생님이 여러분의 고민을 들어 줄 겁니다.

학교 상담실에서는 적어도 두 차례 이상 상담을 진행합니다. 1차 상담에서는 여러분의 고민거리를 진단합니다. 그리고 계속 상담하면서 여러분의 고민이 해결될 수 있도록 돕고 있습니다. 상담실은 여러분을 위해 항상 열려 있습니다. 더 이상 혼자 고민하지 말고 고민이 있을 때는 상담실의 문을 두드리세요.

대면 상담	선생님과 만날 시간을 정한 후에 그 시간에 상담실에 직접 방문하면 상담을 받을 수 있습니다.
집단 상담	5~10명 정도의 친구들과 함께 진로, 학습 등에 대한 프로그램을 실시하고 있습니다.
온라인 상담	학교 홈페이지 상담실에 글을 남기면 비공개로 상담을 진행할 수 있습니다.

❖ 상담 문의: 02-1234-5678로 전화하세요.
❖ 상담실에 자기 이해, 학습 방법, 진로 선택, 직업 세계 등의 자료들이 준비되어 있습니다. 많은 활용 바랍니다.

1. 읽은 내용과 같으면 O, 다르면 X 하세요.

  (1) 학교 상담실에 상담 신청을 하면 최대 두 번의 상담을 받는다.   (   )

  (2) 대면 상담을 하려면 미리 시간을 정해야 한다.   (   )

  (3) 전화로는 문의를 할 수 없다.   (   )

2. 상담실에 무슨 자료들이 마련되어 있습니까?

3. 상담 선생님을 만나서 상담을 하려면 어떻게 해야 합니까?

¤ 와니는 요즘 고민 때문에 머릿속이 복잡합니다. 와니의 고민을 들여다보고 '와니의 머릿속'과
같이 '나의 머릿속'에 여러분의 고민이나 관심사를 써 보세요.

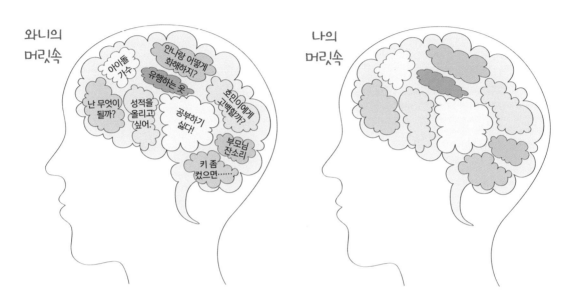

¤ 아래의 고민에 대해서 조언해 주세요.

Q 공부 비법 추천 받아요.
ksm**** | 질문 3건 | 답변 1 | 조회 3,789

요즘 공부를 열심히 하고 있는데 아무리 공부해도 성적이 안 올라서 고민이에요.
성적을 많이 올릴 수 있는 공부 비법 좀 추천해 주세요.

(💬 댓글)   (나도 궁금해요)   (↗)

[등록]

Q 친구 사귀는 방법 질문이요.
비공개 | 질문 1건 | 답변 2 | 조회 4,102

이틀 전에 전학을 왔는데 아직 친구가 없어요.
친구를 빨리 사귀고 싶은데 어떻게 해야 할까요? 방법 좀 알려 주세요!

(💬 댓글)   (나도 궁금해요)   (↗)

[등록]

04 연습할수록 실력이 점점 더 늘 거야

● 4과에서 무엇을 배우는지 알아봅시다.

더 배워요(선택)
**재미있는
수업 활동**

꼭 배워요(필수)
**실습 및 실기 수업의
과정 설명하기**

학습 도구(선택)
12. 실험하기

학습 목표
어떤 일을 할 때 하면 안 되는 일에 대해 경고할 수 있다.
어떤 일을 하는 방법과 과정을 묘사할 수 있다.

어휘 실습과 실기 관련 어휘
문법 –을수록, –던데,
    –는 모양이다, –은 채로

① 다음 시간에는 미술 실기 시험을 볼 거예요. 각자 그리고 싶은 물건을 가지고 오세요.

③ 네, 다 돼요. 이번 시험에는 실제 물건과 똑같이 그릴수록 좋은 점수를 받을 수 있을 거예요.

② 네, 선생님. 아무거나 가져와서 그려도 돼요?

④ 네, 선생님.

함께 이야기해 봐요

1. 여러분은 음악이나 체육 같은 예체능 시간을 좋아해요?

2. 그 시간에 무슨 활동을 해요?

어휘를 배워요

무슨 수업 시간이에요? 친구들이 무엇을 하고 있어요?

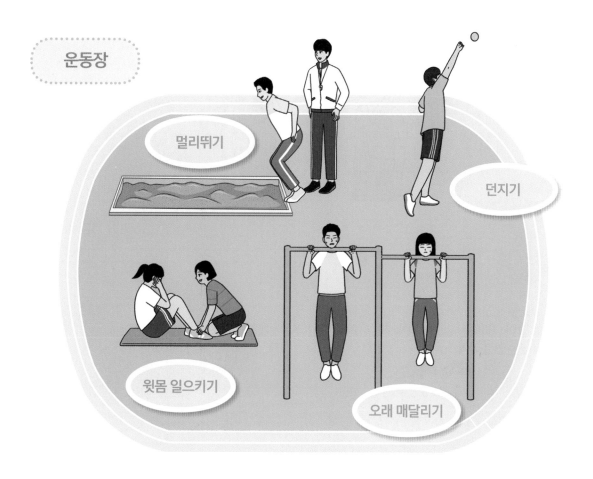

운동장

멀리뛰기

던지기

윗몸 일으키기

오래 매달리기

손질하다

조리실

조리하다

단소, 뚜껑, 무리, 자격증,
요, 잔뜩, 깜박하다,
막다, 배려하다, 부딪히다,
빚다, 삐다, 숙이다,
엎드리다

문법을 배워요 1

① 단소 부는 거 진짜 어렵다. 소리가 잘 안 나.

② 나도 처음에는 그랬는데 계속 불었더니 어느 순간 소리가 나기 시작하더라고.

③ 그럼 나도 계속 불어 봐야겠다.

④ 그래. 계속 연습할수록 실력이 점점 더 늘 거야.

─을수록

─ㄹ수록

앞의 말이 나타내는 정도가 심해지면 뒤의 말이 나타내는 내용의 정도도 그에 따라 변함을 나타내는 연결 어미.

책을 많이 읽을수록 글을 잘 쓸 수 있대.

자세가 좋을수록 공을 멀리 던질 수 있어.

사이가 가까울수록 서로 배려하는 태도가 필요한 것 같아요.

● '─을수록'을 사용하여 〈보기〉와 같이 문장을 완성해 보세요.

〈보기〉   운동할수록 건강이 좋아져요. (운동하다)

(1) 이 노래는＿＿＿＿＿＿＿ 좋은 것 같아요. (듣다)

(2) 도서관에 일찍＿＿＿＿＿＿＿ 좋은 자리를 맡을 수 있어. (가다)

공부를 잘하려면 어떻게 하는 것이 좋아요? '─을수록'을 사용하여 말해 보세요.

문법을 배워요 2

① 아까 보니까 스케치하던데 벌써 색까지 다 칠했어?

② 응. 이제 물감 마를 때까지 기다리면 돼.

③ 정말 빠르다. 난 이제 색을 칠하려고 하는데.

④ 난 다 끝났으니까 내가 물통에 물 떠다 줄게.

-던데

뒤의 말을 하기 위하여 그 대상과 관련이 있는 과거의 상황을 미리 말함을 나타내는 연결 어미.

떡국 끓이는 거 어려워 보이지 않던데 나도 한번 만들어 볼까?

요 근처에서 영화 촬영을 하던데 가서 구경하고 오자.

저 화장품 써 보니까 별로던데 다른 걸 사는 게 어때?

● '-던데'를 사용하여 〈보기〉와 같이 문장을 완성해 보세요.

〈보기〉 정호가 <u>컴퓨터 자격증 시험을 준비하던데</u> 시험이 언제지?
(컴퓨터 자격증 시험을 준비하다)

(1) 아까 보니까 _____ 무슨 일 있어? (고개를 숙이고 걸어가다)

(2) 선영이가 _____ 감기에 걸린 것은 아닌지 걱정이야. (기침을 계속하다)

어떤 이유 때문에 그 장소가 좋아요. 그래서 친구에게 추천하려고 해요.
'-던데'를 사용하여 친구에게 말해 보세요.

문법을 배워요 3

① 민우가 요즘 태권도 연습 너무 열심히 하는 거 아니야?

② 다음 달에 태권도 대회가 열리잖아. 거기에 나가려고 하는 모양이야.

③ 그래? 대회가 아직 한 달이나 남았는데 매일 저렇게 연습하면 몸에 무리가 될 거야.

④ 그러게. 안 그래도 어제 발목이 좀 아프다고 하던데 민우 만나면 네가 이야기 좀 잘 해 봐.

ㅡ는 모양이다

-ㄴ 모양이다, -은 모양이다

다른 사실이나 상황으로 보아 현재 어떤 일이 일어나고 있거나 어떤 상태라고 추측함을 나타내는 표현.

소연이가 계속 책상에 엎드려 있는 걸 보니까 어디가 아픈 모양이야.

나나가 깜박하고 미술 수업 준비물을 안 가져온 모양이야.

하늘이 잔뜩 흐린 걸 보니 곧 비가 올 모양이에요.

● '-는 모양이다'를 사용하여 〈보기〉와 같이 이야기해 보세요.

〈보기〉
가: 수호가 축구를 하다가 다쳤다면서?
나: 응. 공을 막다가 상대 팀 선수랑 부딪힌 모양이야. (공을 막다, 상대 팀 선수랑 부딪히다)

(1) 골을 넣다, 넘어지다

(2) 무리해서 달리다, 발목을 삐다

친구가 기분이 좋은 이유를 알아요. '-는 모양이다'를 사용하여 말해 보세요.

문법을 배워요 4

① 자, 이제 여러분이 예쁘게 빚은 송편을 찔 차례예요. 냄비에 물을 붓고 센 불에서 20분 정도 찌세요.

② 선생님, 냄비 뚜껑은 닫아야 하죠?

④ 네, 알겠습니다.

③ 물론이죠. 뚜껑을 열어 놓은 채로 찌면 송편이 잘 안 익을 수도 있어요.

-은 채로

-ㄴ 채로

앞의 말이 나타내는 어떤 행위를 한 상태 그대로 있음을 나타내는 표현.

눈을 감은 채로 그렇게 피아노를 잘 치다니 정말 대단해요.

과일을 씻지 않은 채로 먹으면 안 돼요.

늦잠을 자서 머리도 못 말린 채로 학교에 갔어요.

● '-은 채로'를 사용하여 〈보기〉와 같이 문장을 완성해 보세요.

> 〈보기〉　한국에서는 <u>신발을 신은 채로</u> 집 안에 들어가면 안 돼요. (신발을 신다)

(1) 너무 피곤해서 _____ 잠이 들었어요. (교복을 입다)

(2) 시간이 부족해서 _____ 시험지를 제출했어요. (문제를 다 풀지 못하다)

어떤 일을 하고 있어요. 그러면서 다른 일을 해요. '-은 채로'를 사용하여 말해 보세요.

한국의 민속놀이를 엿보다

¤ 옛날에는 무엇을 하며 놀았을까요?

연날리기

연날리기는 아이부터 어른까지 모두가 즐기던 놀이예요. 정월 대보름을 앞두고 특히 많이 하던 전통 놀이예요. 정월 대보름이 되면 실을 끊고 연을 멀리 날려 보냈어요.

윷놀이

윷놀이는 윷을 던져 승부를 가르는 민속놀이로 예전에는 주로 설날에 많이 했어요. 윷을 던지면 도(돼지), 개(개), 걸(양), 윷(소), 모(말) 그 결과에 따라 이동할 수 있어요.

제기차기

제기차기는 제기를 발로 차고 노는 놀이예요. 주로 겨울이나 새해에 어린아이들이 많이 했는데 혼자서도 할 수 있고 친구들과 함께 여러 명이 할 수도 있어요.

씨름

씨름은 고구려 시대의 벽화에서도
볼 수 있을 정도로 오래된 역사를
가진 놀이이자 스포츠예요.
샅바를 맨 선수 두 명이 다양한
기술을 사용하여 상대를 바닥에
넘어뜨리면 이기는 경기예요.

공기

무궁화 꽃이
피었습니다

또 무슨 놀이가 있을까요?

더 배워요

◯ 4과에서 무엇을 배우는지 알아봅시다.

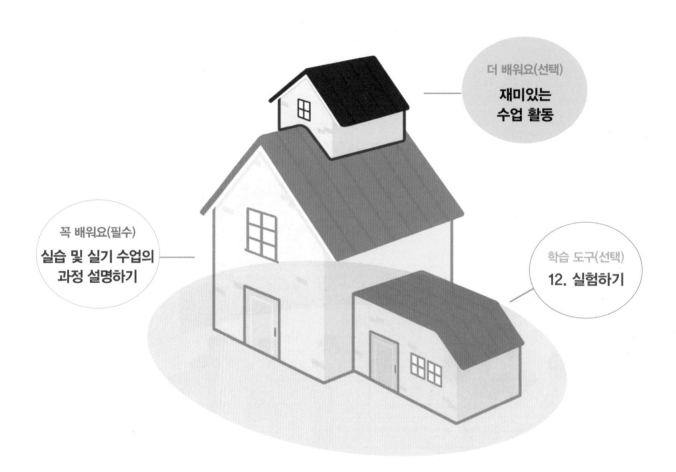

더 배워요(선택)
**재미있는
수업 활동**

꼭 배워요(필수)
**실습 및 실기 수업의
과정 설명하기**

학습 도구(선택)
12. 실험하기

요리 실습을 해요.

음악 실기 시험을 봐요.

재미있는
수업 활동

멀리뛰기를 해요.

스케치를 해요.

함께 이야기해 봐요

1. 여러분은 한식을 좋아해요? 한식 중에 무슨 음식을 좋아해요?

2. 친구에게 추천해 주고 싶은 음식이 있어요?

대화해 봐요 1

 안나와 영수가 실습 시간에 만들 요리에 대해 이야기를 나누고 있어요.
🔲로 확인해 보세요.

 선생님께서 요리를 시작하기 전에 주의 사항을 이야기하고 계세요.
먼저 🔲로 확인해 보세요.

① 모든 팀들이 요리할 준비가 다 된 모양이네요. 그럼 지금부터 요리 실습을 할 때 주의할 점들에 대해 얘기할 테니까 선생님 말에 집중하세요.

③ 먼저 가스 불을 켜 놓은 채로 친구들하고 장난치면 사고가 날지도 몰라요. 그러니까 요리 실습을 하는 동안 절대 장난치지 마세요. 그리고 재료를 손질할 때에 칼을 사용하기 때문에 다칠 수도 있으니 잠깐이라도 한눈팔면 안 돼요.

② 네, 선생님.

④ 네, 선생님. 조심하겠습니다. 그런데 혹시라도 사고가 났을 때는 어떻게 해요?

⑤ 그럴 때는 당황하지 말고 선생님을 부르세요. 알겠죠?

⑥ 네, 알겠습니다.

⑦ 자, 그럼 지금부터 요리를 시작해 볼까요? 1시간 안에 완성하도록 하세요.

새 표현

궁중　궁　고추장　간장　실습　주의하다　가스
한눈팔다　-씩　한쪽　-을지도 모르다

 질문에 답하세요.

1. 내용과 같으면 O, 다르면 X 하세요.

(1) 안전을 위해 불을 사용하지 않고 음식을 만들기로 했습니다. 　　(　　　　)

(2) 선생님은 학생들에게 요리 방법을 설명해 주고 있습니다. 　　(　　　)

(3) 학생들은 한 시간 동안 요리를 할 것입니다. 　　(　　　)

2. 여러분은 요리 실습 시간에 만들고 싶은 음식이 있어요? 왜 그 음식을 만들고 싶어요?

　➡ _____

 안나가 영수가 만든 음식을 먹고 있어요.
로 확인해 보세요.

 전체 대화를
들어 보세요.

■ **활용하기**

　음악 실기 시험을 보기 전에 안나가 선생님께 질문을 하고 있어요.

 ： 지금부터 음악 실기 시험을 시작할 거예요. 한 명씩 나와서 단소를 연주하세요.

 ： 선생님, 순서 기다리는 동안 한쪽에 가서 연습해도 돼요?

 ： 그건 안 돼요. 교실에서 연습하면 다른 친구에게 방해가 될지도 몰라요.
　　그리고 자기 순서를 놓칠 수도 있으니 그렇게 하면 안 돼요.

 ： 네, 선생님. 알겠습니다.

대화해 봐요 2

 유미가 멀리뛰기를 잘 못해서 고민이에요. 로 확인해 보세요.

 수호가 멀리뛰기 잘하는 방법을 가르쳐 주고 있어요.
먼저 📷로 확인해 보세요.

① 수호야, 너 멀리뛰기 진짜 잘한다. 너처럼 멀리뛰기를 잘하려면 어떻게 해야 하는 거야?

② 글쎄. 음, 그럼 일단 한번 뛰어 볼래? 내가 자세 좀 봐 줄게.

③ 알겠어. 자, 뛴다. 하나, 둘, 셋.

④ 유미야, 너 뛰기 전에 허리를 구부리던데 그렇게 하면 멀리 못 뛰어. 허리를 곧게 편 채로 몸을 앞으로 쭉 뻗기만 하면 되는데. 한번 해 볼래?

⑤ 몸을 앞으로 쭉 뻗으라고? 이렇게 하라는 말이지?

⑥ 바로 그거야. 그리고 뛸 때 몸을 앞으로 쭉 뻗으면 뻗을수록 더 멀리 나갈 수 있을 거야.

질문에 답하세요.

1. 내용과 같으면 O, 다르면 X 하세요.

   (1) 수호는 멀리뛰기를 잘하는 방법을 알고 있습니다.   (   )

   (2) 유미는 수호가 알려 주기 전까지 몸을 구부리고 멀리뛰기를 했습니다.   (   )

   (3) 멀리뛰기를 할 때는 몸을 앞으로 뻗는 것이 좋습니다.   (   )

2. 여러분은 무슨 운동을 잘해요? 그 운동을 잘할 수 있는 자신만의 방법이 있어요?

   ➜ _____

 유미가 이제 멀리뛰기를 잘할 수 있을까요?

로 확인해 보세요.

 전체 대화를 들어 보세요.

■ **활용하기**

나나가 세인이에게 그림을 잘 그리는 방법을 묻고 있어요.

 : 와, 사진인 줄 알았네. 너처럼 똑같이 그리려면 어떻게 해야 하는 거야?

 : 음, 특별한 건 아니지만 방법은 있지.

 : 뭔데? 뭔데?

 : 유명한 그림을 하나 정해 놓고 따라 그리는 걸 계속 반복해 봐.
그리면 그릴수록 점점 더 똑같이 그릴 수 있을 거야.

읽고 써 봐요

¤ **다음을 읽고 질문에 답하세요.**

비빔밥의 탄생

흰밥 위에 갖가지 나물과 고기에 고추장을 넣고 비벼 먹는 비빔밥은 한국을 대표하는 음식입니다. 비빔밥의 유래에 대해서는 다양한 이야기가 전해지고 있습니다. 첫 번째는 제사를 지내는 문화에서 비빔밥이 시작되었다는 이야기가 있습니다. 조상에게 제사를 지낸 뒤 제사상에 올린 음식을 한 그릇에 비벼 먹은 것에서 비빔밥이 탄생했다는 것입니다. 두 번째는 음식을 남긴 채로 새해를 맞이하지 않기 위해 한 해의 마지막 날에 남은 모든 음식을 밥과 함께 비벼 먹은 데에서 비빔밥이 유래했다고 합니다. 마지막으로 바쁜 농사철에 밥상을 차리는 시간과 노력을 절약하기 위해 음식 재료를 한꺼번에 비벼서 나눠 먹은 것에서 유래했다고도 합니다.

비빔밥은 지역에 따라 들어가는 재료가 다릅니다. 전주비빔밥은 콩나물을 넣어 맛을 내고 진주비빔밥은 익히지 않은 소고기를 넣는 것이 특징입니다. 또한 바닷가에 위치해 있는 통영에서는 비빔밥에 해산물을 넣습니다.

먹으면 먹을수록 잊을 수 없는 매력적인 맛을 지닌 비빔밥. 다양한 재료가 한데 어우러져 영양이 풍부할 뿐만 아니라 조화와 화합을 상징하는 의미 있는 음식이기도 합니다.

1. 읽은 내용과 같으면 O, 다르면 X 하세요.

   (1) 우리 조상들은 제사 음식으로 비빔밥을 준비했다. (   )

   (2) 옛날에는 한 해의 마지막 날에 비빔밥을 만들어 먹었다. (   )

   (3) 비빔밥을 만드는 방법은 다양하다. (   )

2. 지역마다 비빔밥이 어떻게 달라요? 그 특징에 대해 설명하세요.

3. 비빔밥은 무슨 의미를 가지고 있어요?

¤ 여러분은 비빔밥에 무슨 재료를 넣고 싶어요?

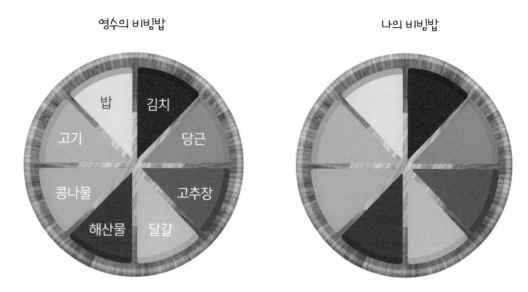

영수의 비빔밥

밥 김치 고기 당근 콩나물 고추장 해산물 달걀

나의 비빔밥

¤ 여러분이 제일 좋아하는 음식은 뭐예요? 그 음식을 친구들에게 소개해 보세요.

이름		
재료		
맛		
특징		

05

소연이가 피아노 정말 잘 치더라

● 5과에서 무엇을 배우는지 알아봅시다.

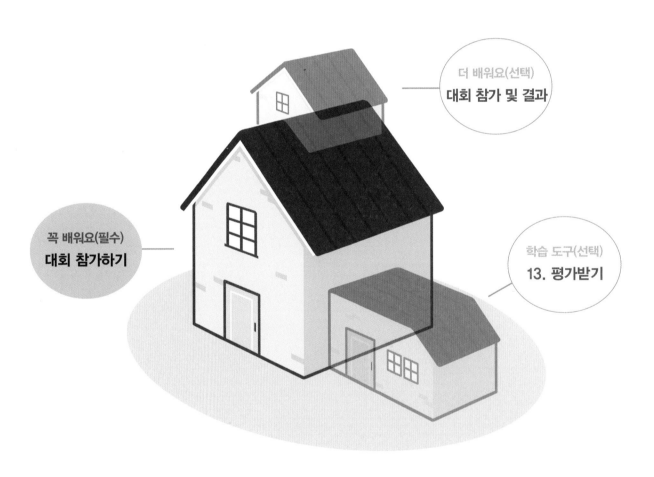

더 배워요(선택)
대회 참가 및 결과

꼭 배워요(필수)
대회 참가하기

학습 도구(선택)
13. 평가받기

학습 목표
어떤 일에 참가하고자 하는 의도를 표현할 수 있다.
어떤 일의 결과에 대한 심정을 표현할 수 있다.

어휘 대회 관련 어휘
문법 -는 탓에, -어 버리다,
       -을 뻔하다, -더라

함께 이야기해 봐요

1. 우리 학교에서 무슨 대회가 열려요?

2. 그 대회에 나가서 상을 받는다면 기분이 어떨 것 같아요?

어휘를 배워요

여러분은 무슨 대회에 나가고 싶어요?

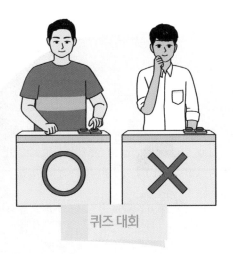

퀴즈 대회

발명품 경진 대회

○○ 수학 경시대회

경시대회

사생 대회

경연 대회

● 글짓기 대회에 나갈 거예요.

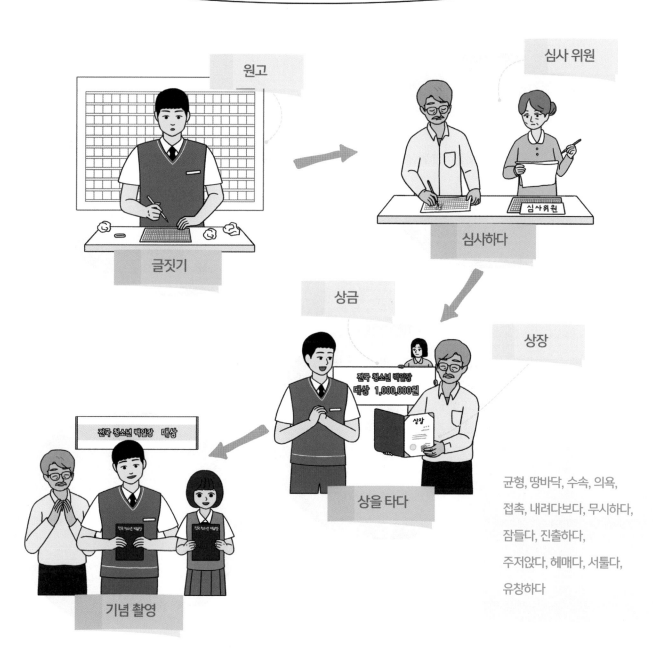

전국 청소년 백일장

대상: 중고등학교 재학생　공모 기간: 20＊＊. 9. 1.~9. 20.
부문: 시, 소설　본선: 20＊＊. 10. 8. 예선 통과자

원고

심사 위원

글짓기

심사하다

상금

상장

상을 타다

기념 촬영

균형, 땅바닥, 수속, 의욕,
접촉, 내려다보다, 무시하다,
잠들다, 진출하다,
주저앉다, 헤매다, 서툴다,
유창하다

① 호민아, 사생 대회 신청서 제출했어?

② 아니. 시험 준비로 바쁜 탓에 사생 대회 신청서를 못 썼어. 지금 내도 선생님께서 받아 주실까?

③ 글쎄, 안 될 것 같긴 한데 그래도 한번 여쭤봐.

④ 아니야. 다음에 또 기회가 있겠지.

–는 탓에

–ㄴ 탓에, –은 탓에

앞에 오는 말이 뒤의 부정적인 현상이 생겨난 원인이나 까닭임을 나타내는 표현.

매일 늦게까지 휴대 전화를 보는 탓에 점점 시력이 떨어져요.

시험 준비로 바쁜 탓에 대회 준비를 제대로 못 하고 있어.

여기는 도로가 좁은 탓에 늘 길이 막혀요.

● '–는 탓에'를 사용하여 〈보기〉와 같이 이야기해 보세요.

〈보기〉
가: 왜 이렇게 늦었어? 많이 기다렸잖아.
나: 미안. <u>접촉 사고가 난 탓에</u> 늦었어. (접촉 사고가 나다)

(1) 길을 몰라서 헤매다
(2) 운전이 서툴다

어떤 일 때문에 부정적인 결과가 생긴 적이 있어요? '–는 탓에'를 사용하여 말해 보세요.

문법을 배워요 2

① 민우야, 오늘 수학 경시대회 자신 있지?

② 아니. 어제 공부하다가 잠들어 버렸어.

③ 괜찮아. 넌 평소에 준비 많이 해 왔잖아. 분명히 잘할 수 있을 거야.

④ 잘 모르겠어. 나도 그랬으면 좋겠어.

-어 버리다

-아 버리다, -여 버리다

앞의 말이 나타내는 행동이 완전히 끝났음을 나타내는 표현.

지하철에서 졸다가 그만 내릴 역을 지나쳐 버렸어요.

내가 공항에 도착했을 때에는 이미 수속이 끝나 버려서 비행기를 못 탔어.

본선에 진출했는데 잘할 자신이 없어서 그냥 포기해 버렸어.

● '−어 버리다'를 사용하여 〈보기〉와 같이 완성해 완성해 보세요.

> 〈보기〉 냉장고 문이 잘 안 닫혀 있어서 아이스크림이 다 <u>녹아 버렸어</u>. (녹다)

(1) 기분 나쁜 말을 들었지만 _____. (무시하다)

(2) 컴퓨터에 있는 필요 없는 파일을 모두 _____. (지우다)

어떤 일이 완전히 끝났음을 '−어 버리다'를 사용하여 말해 보세요.

문법을 배워요 3

① 와니야, 잘했어. 이번 영어 말하기 대회도 네가 1등 하겠다.

② 아니야. 다른 친구들이 더 잘하던데. 난 너무 긴장해서 실수할 뻔했어.

③ 그래? 전혀 긴장한 것처럼 안 보이던데.

④ 정말? 다행이다. 목소리도 많이 떨렸는데…….

-을 뻔하다

-ㄹ 뻔하다

앞의 말이 나타내는 일이 일어나지는 않았지만 일어나기 직전의 상태까지 갔음을 나타내는 표현.

길이 막혀서 약속 시간에 늦을 뻔했어.

스케이트를 타다가 순간적으로 균형을 잃어서 넘어질 뻔했어.

한 문제만 더 틀렸더라면 과학 경시대회 예선에서 떨어질 뻔했어요.

● '-을 뻔하다'를 사용하여 〈보기〉와 같이 이야기해 보세요.

〈보기〉
가: 무슨 일 있었어?
나: <u>버스를 놓쳐서</u> <u>지각할 뻔했어.</u> (버스를 놓치다, 지각하다)

(1) 컵이 미끄럽다, 놓치다

(2) 깜짝 놀라다, 땅바닥에 주저앉다

어떤 일이 일어나기 직전까지 갔음을 '-을 뻔하다'를 사용하여 말해 보세요.

문법을 배워요 4

① 소연이가 피아노 경연 대회에서 대상을 받았다면서?

② 응. 난 직접 가서 들었는데 소연이가 피아노 정말 잘 치더라.

③ 맞아. 아주 어렸을 때부터 피아노를 배워서 잘 쳐.

④ 그렇구나. 무대 위에 있는 소연이가 정말 멋있어 보였어.

–더라

직접 경험하여 새롭게 알게 된 사실을 지금 전달함을 나타내는 종결 어미.

요즘 수호가 무슨 좋은 일이 있는지 모든 일에 의욕이 넘치더라.

세인이가 영어 대회에서 말하는 거 들었는데 유창하게 잘하더라.

산꼭대기에서 내려다보는 경치가 정말 좋더라.

● '–더라'를 사용하여 〈보기〉와 같이 이야기해 보세요.

〈보기〉 가: 학교 앞에 새로 생긴 식당 가 봤어?
나: 응. <u>메뉴가 무척 다양하더라.</u> (메뉴가 무척 다양하다)

(1) 맛은 있는데 직원이 불친절하다
(2) 오늘은 문을 닫았다

여러분이 직접 경험해서 새롭게 알게 된 사실을 '–더라'를 사용하여 친구에게 말해 보세요.

한국인의 관람 문화를 엿보다

¤ 한국 사람들은 운동 경기를 관람할 때 어떻게 할까요?

응원가는 운동 경기를 관람할 때,
응원하는 팀의 사기를 돋우기 위해 부르는
노래예요. 보통 가요나 광고에 나오는
노래의 가사를 바꿔서 불러요. 응원하는
팀뿐만 아니라 선수들 한 명 한 명을
응원하는 노래도 있어요.

응원가

파도타기

파도타기는 관중석에 앉은 사람들이 끝에서 끝까지
차례대로 일어났다가 앉으며 응원하는 거예요.
이 모습이 마치 파도가 치는 것 같아
파도타기라고 불러요. 파도타기는 미국에서
재미없는 경기에 대한 불만을 표현하기 위해 시작
되었지만 현재 한국에서는 경기를 응원할 때 사용
되는 방법 중 하나가 되었어요.

예전에는 사물놀이에 사용되는 북, 징, 꽹과리 등을
사용하여 응원을 했지만 요즘은 이런
악기 외에도 다양한 응원 도구들을 사용하고 있어요.
그중에서 대표적인 것이 막대 풍선이에요. 막대 풍선은 한국에서
처음으로 사용한 응원 도구로 두 개의 막대 풍선을
두드려서 소리를 내요. 응원하는 팀에 따라 다른
색깔의 막대 풍선을 사용해요.

한국에서는 한국 축구 국가 대표팀을
응원하는 사람들을 붉은 악마라고 해요.
2002년 한일 월드컵 이후 대중적으로 불리기
시작했어요. 붉은 악마는 빨간색 옷을 입고
국가 대표 팀을 응원해요.

붉은 악마

음식

한국에서는 운동 경기를 관람할 때 음식을
먹으면서 볼 수 있어요. 다양한 음식을 먹는데
가장 대표적인 음식은 치킨이에요.
실내 경기장의 경우 음식을 먹을 수 있도록
좌석에 식탁이 있기도 해요.
야외 경기장 중에는 고기를 구워 먹을 수
있는 경기장도 있어요.

다른 나라의 특별한 응원 문화를 알고 있어요?

더 배워요

⬤ 5과에서 무엇을 배우는지 알아봅시다.

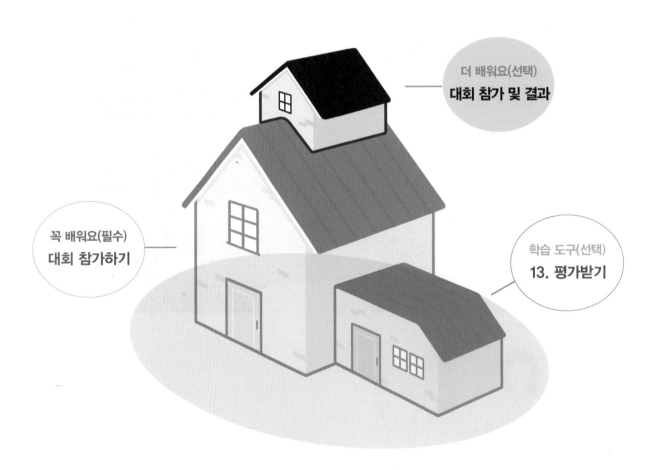

더 배워요(선택)
대회 참가 및 결과

꼭 배워요(필수)
대회 참가하기

학습 도구(선택)
13. 평가받기

역사 퀴즈 대회를 준비해요.

댄스 대회에 대해 알아봐요.

대회 참가 및 결과

친구의 수상을 축하해요.

토론 대회에서 상을 받았어요.

함께 이야기해 봐요

1. 대회에 참가하기 전에 무엇이 궁금해요?

2. 재미있고 특이한 대회를 알고 있으면 소개해 보세요.

대화해 봐요 1

영수가 선생님께 대회 정보를 요청하고 있어요. 로 확인해 보세요.

영수와 선영이가 역사 퀴즈 대회에 대해 이야기하고 있어요.
먼저 로 확인해 보세요.

① 영수야, 뭐 봐?

② 역사 퀴즈 대회 포스터인데 신청해 볼까 해서 가져왔어. 일단 한번 참가해 보려고. 너도 같이 참가할래?

③ 글쎄. 도전을 해 보고 싶기는 한데 잘할 자신이 없어. 요즘 과학 경시대회 준비하느라 역사 공부를 많이 못 했거든. 조금 더 준비해서 내년에 나가는 게 좋겠어.

④ 그래? 사실 나도 공부를 많이 못 한 탓에 자신이 없는데…… 이번에는 포기할까?

⑤ 아니야. 너라면 충분히 잘할 수 있을 거야. 호민이도 참가한다더라. 같이 준비해 봐.

⑥ 그럴까? 그럼 일단 한번 참가해 봐야겠어.

질문에 답하세요.

1. 내용과 같으면 O, 다르면 X 하세요.

   (1) 두 사람은 같이 역사 퀴즈 대회에 나갈 겁니다.　　　　　　　（　　　　　）

   (2) 영수는 평소에 역사 공부를 계속해 와서 자신감이 넘칩니다.　　（　　　　　）

   (3) 영수는 호민이와 함께 대회 준비를 하고 있습니다.　　　　　　（　　　　　）

2. 여러분은 대회에 참가해 본 경험이 있어요? 무슨 대회였어요?

   ➜ _____

 영수가 선영이에게 대회 결과를 이야기하고 있어요.
로 확인해 보세요.

 전체 대화를 들어 보세요.

 활용하기

호민이와 안나가 댄스 대회 참가에 대해서 이야기하고 있어요.

 : 안나야, 아까부터 뭘 그렇게 검색하고 있어?

 : 친구들이랑 댄스 대회 참가해 볼까 해서 알아보고 있어.

 : 댄스 대회? 요즘 지원하는 사람이 많아서 예선 통과하기 힘들다고 그러던데.

 : 응. 그래도 일단 지원해 보려고. 자신은 없는데 새로운 경험이라 재미있을 것 같아.

대화해 봐요 2

유미가 수상 소감을 말하고 있어요. ▓로 확인해 보세요.

나나와 세인이가 상을 받은 유미를 보고 기뻐하고 있어요.
먼저 ▓로 확인해 보세요.

① 세인아, 어제 백일장에서 유미가 대상을 받았다면서?

② 응. 대상 수상자를 부를 때 유미 이름이 나오는데 눈물이 날 뻔했지 뭐야. 내가 대상을 받은 것처럼 기쁘더라.

③ 나도 그 자리에 갈걸 그랬어. 아까 유미가 대상을 받았다는 이야기를 듣고 얼마나 기분이 좋았는지 몰라. 작년 대회에서는 유미가 너무 긴장한 탓에 대상을 놓쳐 버렸잖아. 그때 너무 속상했는데 정말 잘됐다.

④ 응. 대회에 다시 나가기까지 고민이 많았을 텐데 포기하지 않고 용기를 낸 게 정말 자랑스러워.

⑤ 맞아. 그래서 더 대단한 것 같아.

❚❚ 질문에 답하세요.

1. 내용과 같으면 O, 다르면 X 하세요.

(1) 유미는 어제 백일장 대회에서 수상했습니다.　　　(　　　　)

(2) 세인이는 백일장 대회에 가서 유미를 보고 왔습니다.　　　(　　　　)

(3) 유미는 작년에도 백일장 대회에서 대상을 받았습니다.　　　(　　　　)

2. 여러분은 대회에 나가서 상을 받은 친구에게 무슨 말을 하면서 축하할 거예요?

　➜ _____

 친구들이 유미를 축하해 주고 있어요.
로 확인해 보세요.

 전체 대화를
들어 보세요.

▨ 활용하기

유미가 토론 대회에서 상을 받은 민우를 축하해 주고 있어요.

 : 민우야, 축하해. 토론 대회에서 금상을 받았다면서?

 : 고마워. 나도 내가 상을 받을 줄 몰랐어. 어제 상을 받고 얼마나 행복했는지 몰라.

 : 나도 네가 상을 받았다는 소식을 듣고 내가 상을 탄 것처럼 기분이 좋더라.

 : 고마워. 사실 난 상 타는 건 포기하고 있었는데…….
　상을 받았다는 게 아직도 믿어지지가 않아.

읽고 써 봐요

¤ **다음을 읽고 질문에 답하세요.**

New message _ □ ×

보낸 메일

제목: 역사 퀴즈 대회에 대해 문의 드립니다.
보낸 사람: 김선영 <seonyeong1@mail.com>
받는 사람: 역사 퀴즈 대회 <history_quiz@mail.com>

안녕하세요? 청소년 역사 퀴즈 대회에 참가를 희망하는 중학생입니다. 몇 가지 문의 사항이 있어 이메일을 보냅니다.
우선 학년에 상관없이 대회를 진행하는 건지 궁금합니다. 저는 중학교 1학년인데 3학년 언니 오빠들과 같이 문제를 풀면 일찍 탈락해 버릴 것 같아서 걱정이 됩니다. 그리고 대회 포스터를 보니까 참가 신청서와 함께 역사박물관 관람 감상문을 내야 한다고 쓰여 있는데요. 감상문은 어느 정도 분량으로 써야 하나요?
그럼 답장 기다리겠습니다.

New message _ □ ×

받은 메일

제목: RE: 역사 퀴즈 대회에 대해 문의 드립니다.
보낸 사람: 역사 퀴즈 대회 <history_quiz@mail.com>
받는 사람: 김선영 <seonyeong1@mail.com>

안녕하세요? 청소년 역사 퀴즈 대회에 관심을 가져 주셔서 감사합니다. 문의하신 내용에 대해 답변 드립니다.

1. 학년에 상관없이 대회를 진행하나요?
  - 네, 그렇습니다. 중학생 부문과 고등학생 부문으로 나누어 진행하고 학년에 상관없이 진행합니다.
2. 관람 감상문은 어느 정도 분량으로 써야 하나요?
  - 참가 신청서 안에 감상문 서식이 있습니다. 거기에 20줄 이상으로 안내되어 있습니다.

제 답변이 도움이 되셨나요? 더 궁금한 것이 있으면 언제든지 문의해 주시기 바랍니다. 감사합니다.

---

1. 읽은 내용과 같으면 O, 다르면 X 하세요.

   (1) 이 대회는 청소년들을 대상으로 진행된다. ( )

   (2) 이 학생은 퀴즈 대회에 나갔지만 아쉽게 탈락했다. ( )

   (3) 이 대회에 나가려면 박물관을 관람하고 나서 감상문을 써야 한다. ( )

2. 이 대회의 부문은 어떻게 나뉘어 있습니까?

3. 이 대회에 참가하려면 무엇이 필요합니까?

¤ 여러분은 어떤 대회에 참가하고 싶어요? 아래의 대회나 여러분이 알고 있는 재미있는
대회에 대해 써 보세요.

웃음 참기 대회   멍때리기 대회

대회 이름	
참가하고 싶은 이유	
우승 전략	

¤ 여러분이 참가하고 싶은 대회의 포스터를 만들어 보세요.

06 글도 잘 쓰는 데다가 상상력도 풍부하니까 훌륭한 작가가 될 거야

● 6과에서 무엇을 배우는지 알아봅시다.

더 배워요(선택)
나에게 맞는 적성과 직업 탐색

꼭 배워요(필수)
적성과 직업 알아보기

학습 도구(선택)
14. 예습하기

학습 목표
다른 사람에게 어떤 일에 대해 충고하는 말을 할 수 있다.
상대방의 의견에 동의를 표현할 수 있다.

어휘 적성과 직업 관련 어휘
문법 –는 데다가, –든지,
      사동 표현, –나 싶다

함께 이야기해 봐요

1. 여러분은 자신에게 무슨 능력이 있다고 생각해요?

2. 그 능력에 어울리는 직업은 뭐가 있어요?

어휘를 배워요

● 적성에 대해 알아볼까요?

언어 능력

수리 능력

공간 지각 능력

신체적 능력

예술적 능력

추리 능력

● 여러분에게는 무슨 직업이 어울릴까요?

어휘력

상상력

담요, 비바람, 전문적, 항목,
마냥, 아무래도, 한결,
고려하다, 늦추다, 반품하다,
비우다, 인정받다, 웬만하다,
험하다

분석적

객관적

재빠르다

활동적

손재주

창의력

논리적

판단력

문법을 배워요 1

① 선영아, 난 축구 선수가 꿈인데 넌 장래 희망이 뭐야?

② 난 작가가 되고 싶어.

③ 작가? 그래. 넌 글도 잘 쓰는 데다가 상상력도 풍부하니까 훌륭한 작가가 될 거야.

④ 고마워. 너도 뛰어난 축구 선수가 될 수 있을 거야.

−는 데다가

−ㄴ 데다가, −은 데다가

앞에 오는 말이 나타내는 행동이나 상태에 다른 행동이나 상태가 덧붙여져서 정도가 더 심해짐을 나타내는 표현.

내일은 비바람이 부는 데다가 기온까지 뚝 떨어진다고 하니까 옷 따뜻하게 입어.

출발이 늦어진 데다가 비까지 내려서 예정보다 훨씬 늦게 도착했어요.

그 직업은 사회적으로 인정받는 데다가 보람도 느낄 수 있어.

● '−는 데다가'를 사용하여 〈보기〉와 같이 이야기해 보세요.

〈보기〉
가: 요즘 이 휴대 전화가 그렇게 인기라면서?
나: 응. 가격이 저렴한 데다가 품질도 좋대. (가격이 저렴하다)

(1) 디자인이 독특하다

(2) 웬만해서는 고장이 안 나다

여러분이 좋아하는 연예인은 누구예요? 왜 좋아해요? '−는 데다가'를 사용하여 말해 보세요.

문법을 배워요 2

① 이 필통을 네가 직접 만들었다고? 정말 예쁘다. 파는 물건이라고 해도 믿겠어.

② 고마워. 주말에 심심해서 만들어 본 건데.

③ 넌 손재주가 정말 좋은 것 같아. 앞으로 방과 후 수업을 가든지 학원에 다니든지 해 봐. 전문적으로 배울 수 있게 말이야.

④ 응. 안 그래도 그런 걸 가르쳐 주는 방과 후 수업이 있다고 해서 알아보려던 참이었어.

-든지

두 가지 사실 가운데 어느 하나를 선택함을 나타내는 연결 어미.

상담실에 가서 진로 상담을 받든지 적성 검사를 하든지 해야겠어.

추우면 담요를 덮든지 옷을 좀 걸치든지 해.

물건을 잃어버렸으면 분실 신고를 하든지 분실물 센터에 가 보든지 해 봐.

● '-든지'를 사용하여 〈보기〉와 같이 문장을 완성해 보세요.

〈보기〉 그 운동화가 마음에 안 들면 교환하든지 반품하든지 해. (교환하다, 반품하다)

(1) 방학 동안＿＿＿＿＿＿＿＿＿＿ 하려고 해. (여행을 가다, 자격증 시험을 준비하다)
(2) 텔레비전 소리가 방해가 되면＿＿＿＿＿＿＿＿＿＿ 해. (소리를 줄이다, 끄다)

친구에게 두 가지 일 중에서 하나를 선택하도록 조언해요. '-든지'를 사용하여 말해 보세요.

문법을 배워요 3

① 선생님, 책을 꼭 많이 읽어야 되나요?

② 그럼. 책은 많이 읽을수록 좋아. 지식을 넓혀 주는 데다가 어휘력도 풍부하게 해 주니까.

③ 그렇군요. 그런데 무슨 책을 읽으면 좋을까요?

④ 도서관에 가면 추천 도서 목록이 있을 거야. 거기에 있는 것부터 읽어 보면 어떨까?

사동 표현

남에게 어떤 일이나 행동을 하도록 시키는 문장을 만드는 표현 방법.

여기에 있는 휴지통 좀 비워 줄래? 난 바닥을 닦을게.

모두 늦을 것 같다고 해서 약속 시간을 30분 늦췄어요.

영수가 논리적으로 글을 잘 쓰니까 보고서를 쓰게 하자.

● '사동 표현'을 사용하여 〈보기〉와 같이 문장을 완성해 보세요.

> 〈보기〉   시험 기간이니까 교무실에 아무도 못 <u>들어오게 하세요.</u> (들어오다)

(1) 운동하다가 힘들어하는 사람이 있으면 충분히 _____ . (쉬다)

(2) 환경을 생각해서 종이컵 대신 각자 개인 컵을 가지고 _____ . (오다)

누구에게 무엇을 하도록 시켜요. '사동 표현'을 사용하여 말해 보세요.

문법을 배워요 4

① 적성 검사 결과가 나왔는데 나한테 가장 잘 어울리는 직업은 연구원이래. 난 연구원이라는 직업을 생각해 본 적이 없는데.

② 난 직업을 선택할 때 무엇보다 적성이 가장 중요하지 않나 싶은데. 적성 검사 결과가 그렇게 나왔으면 한번 진지하게 고려해 봐.

③ 연구원은 분석적이고 객관적이어야 할 것 같은데 난 그렇지 않잖아.

④ 아니야. 너도 그런 면이 꽤 있는 것 같아. 김소연 연구원이라니 멋진걸.

-나 싶다

앞에 오는 말이 나타내는 내용을 말하는 사람이 다소 주관적이고 불확실하게 추측함을 나타내는 표현.

적성 검사 항목이 너무 많지 않나 싶어요.

마냥 기다릴 게 아니라 상황이 어떤지 알아봐야 하지 않나 싶어.

아무래도 수호가 나 때문에 화가 나지 않았나 싶어.

● '-나 싶다'를 사용하여 〈보기〉와 같이 문장을 완성해 보세요.

〈보기〉 그 정도 실력이면 대회에 나가기에 <u>충분하지 않나 싶어</u>. (충분하다)

(1) 이 길은 빨라서 좋기는 한데 좀 _____. (험하다)

(2) 약을 먹고 좀 쉬었더니 감기가 한결 _____. (나아지다)

친구가 어떻다고 생각해요. '-나 싶다'를 사용하여 말해 보세요.

나의 적성을 탐색해 보다

¤ **나의 언어 능력을 알아볼까?**

			㉠①		②
㉡③					
		㉢		④	
				㉣	

가로

㉠ 어떤 조건에 알맞은 사람을 소개하는 글이에요. 선생님이 여러분에게 써 줘요.

㉡ 마음속을 괴롭고 힘들게 하는 내용이나 대상이에요.

㉢ 손으로 무엇을 잘 만드는 능력이에요. ○○○가 뛰어나요.

㉣ 무엇을 하려고 하는 적극적인 마음이에요. 여러분은 무슨 일을 할 때 ○○이 생겨요?

세로

① 알고 있는 것을 바탕으로 알지 못하는 것을 생각하는 거예요. 저는 ○○ 소설을 좋아해요.

② 어떤 것에 미숙하거나 잘하지 못하는 거예요.

③ 어떤 일을 하는 데 여러 가지 상황이나 조건을 많이 생각하는 거예요.

④ 계속 생각하며 조심하는 거예요. ○○ 사항

¤ **나의 수리 능력을 알아볼까?**

나는 공책을 1,000원에 사서 40%의 이익을 붙여 판매하다가 20% 할인해서 팔았다.

나는 이 공책을 얼마에 팔았을까?   정답: _____ 원

¤ 나의 추리 능력을 알아볼까?

과학 시험에서 1등을 한 친구는 누구일까요?

- 정호는 와니보다 성적이 좋다.
- 안나의 성적은 선영이 바로 다음이다.
- 호민이의 성적이 와니의 성적보다 좋지 않다.
- 선영이는 6명 중 3등 아래이다.
- 영수는 2등을 했다.

¤ 나의 공간 지각 능력을 알아볼까?

〈보기〉의 두 도형을 그대로 결합하여 회전했을 때 알맞은 모양은 무엇일까요?

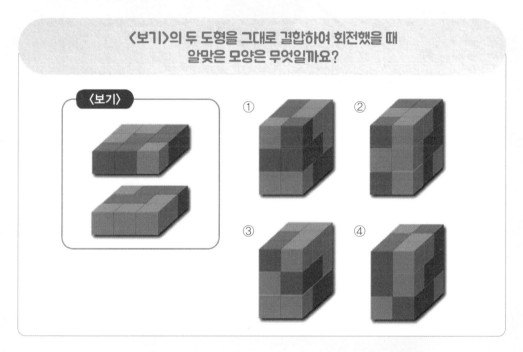

〈보기〉

① ② ③ ④

여러분은 무슨 능력이 뛰어나요?

06 더 배워요

○ 6과에서 무엇을 배우는지 알아봅시다.

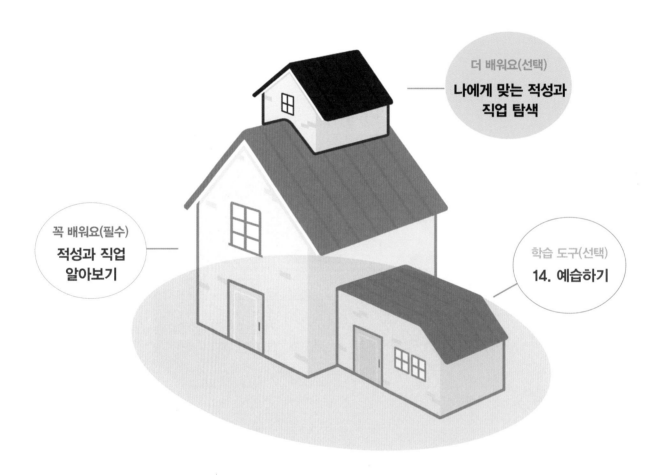

더 배워요(선택)
**나에게 맞는 적성과
직업 탐색**

꼭 배워요(필수)
**적성과 직업
알아보기**

학습 도구(선택)
14. 예습하기

다양한 직업의 장단점에 대해 알아봐요.

직업 체험 프로그램을 신청해요.

나에게 맞는 적성과 직업 탐색

적성 검사 결과를 확인해요.

적성 검사를 통해 자신의 부족한 부분을 확인해요.

함께 이야기해 봐요

1. 여러분은 무슨 일을 즐겨해요? 그 일을 직업으로 한다면 어떨 것 같아요?

2. 여러분은 무슨 직업을 가진 사람을 만나고 싶어요?
   그 사람에게 무슨 질문을 하고 싶어요?

대화해 봐요 1

 선영이가 직업 체험 프로그램에 대해 알려 주고 있어요.

📷로 확인해 보세요.

 선영이가 호민이에게 직업 체험 프로그램에 신청하라고 조언하고 있어요.

먼저 📷로 확인해 보세요.

① 호민아, 지난번에 말한 직업 체험 프로그램에 대해 생각해 봤어? 참여할 거면 빨리 말해 줘.

② 굳이 체험 프로그램에 참여해야 할지 모르겠어. 직업에 대해서라면 인터뷰 기사나 인터넷으로도 충분히 알 수 있지 않나 싶어서. 선영이 넌 어떻게 생각해?

③ 음, 만약 내가 너라면 직업 체험 프로그램에 당장 신청할 거야. 너 패션 디자인에 관심이 있다고 했잖아. 의류 회사에서 일하고 있는 디자이너를 직접 만날 수도 있는 데다가 실제 일하는 모습을 볼 수 있는데 뭘 망설여. 직접 만나서 이야기를 해 봐야 그 직업에 대해서 정확히 알 수 있지.

④ 그래? 난 낯을 가려서 모르는 사람을 만나는 게 부담스러운데.

⑤ 내 생각이 그렇다는 것뿐이야. 결정은 네가 하는 거니까 조금 더 고민해 보고 내일까지 말해 줘.

질문에 답하세요.

1. 내용과 같으면 O, 다르면 X 하세요.

　(1) 호민이는 디자이너라는 직업에 관심이 있습니다.　　　　(　　　　)

　(2) 호민이는 모르는 사람과 만나는 것을 좋아합니다.　　　　(　　　　)

　(3) 두 사람은 직업 체험 프로그램을 신청했습니다.　　　　(　　　　)

2. 여러분은 무슨 직업을 체험해 보고 싶어요?

　➡ _____

 호민이가 선영이에게 직업 체험 프로그램에 대해

이야기하고 있어요. 로 확인해 보세요.　　　전체 대화를 들어 보세요.

 활용하기

와니와 정호가 직업 체험 프로그램에 신청하려고 해요.

 : 정호야, 다음 주 일요일 오전에 시청에서 직업 체험 프로그램을 한대.
지금 신청하러 가는 길인데 같이 안 갈래?

 : 글쎄, 난 그날 애들하고 축구하기로 했는데. 약속 취소되면 갈게.

 : 미리 신청을 해야 프로그램에 참가할 수 있지. 그러지 말고 오늘까지 신청이니까
나랑 같이 신청하러 가자. 만약 신청하지 않는다면 분명히 나중에 후회할 거야.

 : 그래? 그럼 지금 바로 애들한테 물어볼게.

대화해 봐요 2

소연이가 수호의 적성 검사 결과를 묻고 있어요. 로 확인해 보세요.

소연이가 세인이의 적성 검사 결과를 묻고 있어요.
먼저 로 확인해 보세요.

① 세인아, 넌 적성 검사 결과 어떻게 나왔어?
② 음, 난 수리 능력이 가장 높게 나올 줄 알았는데 예술적 능력이랑 언어 능력이 높게 나왔더라고. 적성 검사 결과, 디자이너가 되든지 작가가 되든지 하는 게 나한테 맞을 거래. 난 별로 그 분야에 관심 없는데.
③ 적성 검사 결과가 무조건 직업으로 이어져야 하는 건 아니지. 오히려 검사 결과를 보고 부족한 능력을 키울 수도 있잖아.
④ 맞아. 나도 네 말처럼 적성 검사 결과가 원하는 직업을 가질 수 있도록 더 노력하게 하는 계기가 된다고 생각해.
⑤ 내 말이 바로 그거야. 사람들이 모두 적성 검사 결과대로 직업을 선택하지는 않아. 적성보다 흥미가 더 중요하다고 하는 사람들도 많고.
수학 능력
언어 능력
예술적 능력

질문에 답하세요.

1. 내용과 같으면 O, 다르면 X 하세요.

(1) 세인이는 수리적 능력보다 예술적 능력이 더 높습니다. (   )

(2) 적성 검사 결과는 직업으로 그대로 이어집니다. (   )

(3) 적성보다 흥미를 중요하게 생각하는 사람은 없습니다. (   )

2. 여러분은 직업을 선택할 때 무엇이 가장 중요하다고 생각해요?

→ _____

 세인이가 소연이에게 희망하는 직업에 대해서 이야기하고 있어요. ■로 확인해 보세요.

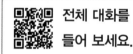 전체 대화를 들어 보세요.

■ **활용하기**

나나와 수호가 적성 검사 결과에 대해 이야기하고 있어요.

 : 수호야, 너 적성 검사 결과에서 교육자가 적합하다고 나왔다며?

 : 응. 내가 생각하고 있던 직업은 아닌데 적성 검사 결과, 그게 내 적성에 맞는 직업이래. 그냥 참고만 하려고 했는데 자꾸 신경이 쓰이네.

 : 그렇게 신경 안 써도 되지 않을까? 나도 네 말처럼 검사 결과는 그냥 참고만 하면 된다고 생각해.

 : 내 생각이 바로 그거야. 오히려 부족하다고 나온 부분을 더 잘할 수 있도록 노력해야 하지 않을까?

읽고 써 봐요

¤ **다음을 읽고 질문에 답하세요.**

행복을 찾아 여행을 떠나는 여행 작가
아나운서에서 여행 작가로, 행복을 찾아 다니는 김미영 씨를 만나 그의 이야기를 들어 보자.

Q1. 미영 씨는 유명한 아나운서였는데요. 갑자기 방송 일을 그만두고 여행 작가가 된 계기가 무엇인가요?

방송 일은 재미있는 데다가 제 적성에도 잘 맞았지만 항상 시간에 쫓기면서 하루하루를 보낼 수밖에 없었어요. 언젠가 지친 몸을 달래기 위해 여행을 갔는데 여행지에서 만난 어떤 사람이 저에게 행복하냐고 묻더라고요. 그런데 행복하다는 대답이 나오지 않았어요. 그래서 그때 여유롭게 즐길 수 있는 일을 하면서 살아야겠다는 생각을 하게 되었어요.

Q2. 여행 작가가 된 지금은 행복하신가요?

네, 그렇습니다. 여행하면서 글을 쓰는 것만으로도 행복한데 많은 분들이 제가 쓴 글을 좋아해 주시니 더욱더 행복하지 않나 싶어요. 얼마 전에 출판한 책이 '올해의 책'으로 뽑히기도 했는데요. 덕분에 제 선택에 확신을 갖게 되었죠.

Q3. 지금까지 출판한 5권의 여행 책 중에서 '올해의 책'으로 뽑힌 '페루, 마음으로 하는 여행'에 대해 소개 좀 해 주시겠어요?

네. 제가 3년 만에 낸 책으로 페루를 여행하면서 만난 사람들과의 이야기를 책에 담았는데요. 페루의 역사와 자연 환경 그리고 페루 사람들의 삶이 잘 녹아 있는 책입니다.

1. 읽은 내용과 같으면 O, 다르면 X 하세요.

   (1) 이 사람은 방송 일이 적성에 맞지 않아서 그만두었다.　　　　　(　　　)

   (2) 이 사람은 현재 자신의 직업에 만족하고 있다.　　　　　　　　(　　　)

   (3) 이 사람은 페루 여행을 하면서 아나운서라는 꿈을 가지게 되었다.　(　　　)

2. 이 사람은 어떻게 여행 작가가 되었습니까?

3. 이 사람이 최근에 출간한 책에 대해 소개해 보세요.

¤ **미래의 나는 어떤 모습일까요? 미래의 나를 인터뷰한다면 무엇을 물어보고 싶어요?**

20년 후의 나의 모습	
나에게 묻고 싶은 질문	

¤ **미래의 자신을 인터뷰해 보세요.**

07 시간이 없어서 아쉬울 따름이야

● 7과에서 무엇을 배우는지 알아봅시다.

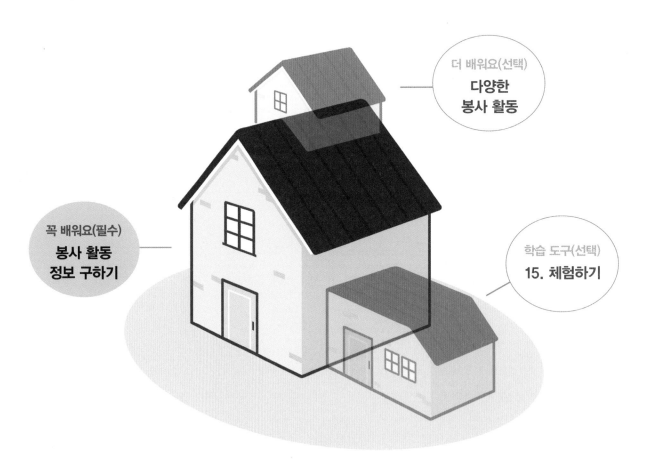

더 배워요(선택)
**다양한
봉사 활동**

꼭 배워요(필수)
**봉사 활동
정보 구하기**

학습 도구(선택)
15. 체험하기

학습 목표
상대방의 의견에 거절을 표현할 수 있다.
필요한 정보를 구할 수 있다.

어휘 봉사 활동 관련 어휘
문법 -을 따름이다, -는 김에,
　　 -었던, -고 해서

함께 이야기해 봐요

1. 여러분은 봉사 활동을 해 본 경험이 있어요?

2. 봉사 활동을 한다면 무슨 봉사 활동을 하고 싶어요?

어휘를 배워요

⬤ 안나가 봉사 활동을 하려고 해요. 어디에서 무슨 봉사 활동을 할까요?

자원봉사자 모집

모집 인원: 30명 내외
활동 내용: 체험 활동 보조
※ 봉사 확인서 발급

기부하다

모금

캠페인

어르신

띠를 두르다

발음

필수품[필쑤품]　　일손[일쏜]　　외갓집[외가찝/웨갇찝]　　놀랍다[놀랍따]

안타깝다[안타깝따]　　후회스럽다[후회스럽따]

필수품

나르다

지원하다

동화책

아동

김장

일손

수면, 액수, 외갓집, 이왕,
취재, 편, 한창, 헌혈,
마땅히, 모처럼, 머물다,
놀랍다, 썰렁하다,
안타깝다, 후회스럽다

문법을 배워요 1

① 안나야, 주말에 우리 집에 놀러 올래? 내 생일이거든.

② 어떡하지? 그날 봉사 활동을 가야 해서 안 될 것 같아. 미안해.

③ 괜찮아. 그런데 넌 봉사 활동을 정말 자주 가는 것 같아. 힘들겠다.

④ 아니야. 더 자주 하고 싶은데 시간이 없어서 아쉬울 따름이야.

―을 따름이다

―ㄹ 따름이다

앞에 오는 말이 나타내는 상태나 상황 이외에 다른 어떤 것도 없음을 나타내는 표현.

네가 이렇게 적극적으로 봉사 활동을 하다니 그저 놀라울 따름이야.

그동안 최선을 다하지 않은 게 후회스러울 따름이에요.

제가 마땅히 해야 할 일을 했을 따름인걸요.

● '―을 따름이다'를 사용하여 〈보기〉와 같이 문장을 완성해 보세요.

> 〈보기〉 난 큰 욕심 없어. 그저 이 일을 부담 없이 즐기면서 <u>할 따름이야.</u> (하다)

(1) 정호 얼굴을 못 보고 가는 게 _____ . (안타깝다)

(2) 난 친구들한테 능력을 인정받은 네가 _____ . (부럽다)

어떤 일에 대한 자신의 감정을 '―을 따름이다'를 사용하여 말해 보세요.

문법을 배워요 2

① 선생님, 헌혈 캠페인에 참가하는 김에 헌혈도 하고 싶은데요. 저희도 할 수 있나요?

② 만 16세 이상이면 할 수 있어요. 하지만 몸무게나 수면 시간 등 몇 가지를 확인해서 문제가 없어야 가능해요.

③ 그럼 저희 헌혈부터 할게요. 검사해 주세요.

④ 그래요. 그럼 헌혈하고 나서 캠페인을 하기로 해요. 그때 이 띠를 두르고 나가세요.

―는 김에

―ㄴ 김에, ―은 김에

앞의 말이 나타내는 행동에 이어서 또는 그 행동을 계기로 그것과 관련된 다른 행동도 함께 함을 나타내는 표현.

책상 정리를 하는 김에 안 보는 책들을 모아서 도서관에 기부했어요.

이렇게 다 모인 김에 오랜만에 선생님 좀 찾아뵙고 올까?

이왕 이야기가 나온 김에 구체적으로 여행 계획을 짜 보자.

⬤ '―는 김에'를 사용하여 〈보기〉와 같이 문장을 완성해 보세요.

〈보기〉   외출한 김에 아버지 사무실에 들러서 같이 점심 식사를 했어요. (외출하다)

(1) 주말에 ＿＿＿＿＿＿＿＿ 가구를 다시 배치할 생각이야. (대청소를 하다)

(2) 오랜만에 ＿＿＿＿＿＿＿＿＿＿ 며칠 더 머물다 왔어. (외갓집에 가다)

어떤 일을 기회로 삼아 더 하고 싶은 일이 있어요. '―는 김에'를 사용하여 말해 보세요.

문법을 배워요 3

① 엄마, 저 다음 달에 봉사 활동으로 아이들에게 책을 읽어 주러 가요. 그때 아이들에게 선물을 하려고 하는데 뭐가 좋을까요?

② 음, 아이들이 읽을 만한 책을 선물하면 어떨까? 네가 예전에 읽었던 책을 주면 좋을 것 같은데.

③ 아, 좋은 것 같아요. 그럼 봉사 활동을 하러 같이 가는 친구들에게 이야기해 봐야겠어요.

④ 그래. 친구들과 이야기해서 아이들에게 줄 책을 모아 보도록 하렴.

-었던

-았던, -였던

과거의 사건이나 상태를 다시 떠올리거나 그 사건이나 상태가 완료되지 않고 중단되었다는 의미를 나타내는 표현.

소파를 가져다 놓으니까 썰렁했던 거실이 꽉 차 보이네.

점심시간이 지나니까 한창 붐볐던 식당이 한가해졌어요.

올해에는 작년에 기부 받았던 액수보다 훨씬 많은 돈이 모였어요.

● '-었던'을 사용하여 〈보기〉와 같이 이야기해 보세요.

〈보기〉
가: 어제 학교에 다녀갔던 선배 정말 멋있었지? (학교에 다녀가다, 선배)
나: 응. 목소리도 좋고 친절하더라.

(1) 학교로 취재를 나오다, 기자

(2) 학교 앞에서 설문지를 돌리다, 대학생

전에 어떤 일을 한 친구가 있어요. 그 친구에 대해 '-었던'을 사용하여 말해 보세요.

① 나나야, 주말에 나랑 김장 봉사 활동에 가지 않을래?

② 주말에 바쁘기도 하고 김치를 담가 본 적도 없고 해서 나는 안 가려고 해.

③ 가서 배우면 되잖아. 그러지 말고 같이 신청해 보자.

④ 아니. 아무리 봉사 활동이라고 해도 난 내가 잘할 수 있는 걸 하고 싶어. 다른 봉사 활동에 참여할게.

-고 해서

앞의 말의 내용이 뒤의 말이 나타내는 행위를 하는 몇 가지 이유 중에 하나임을 나타내는 표현.

모처럼 시간도 나고 해서 영화나 한 편 보려고.

요즘 입맛도 없고 해서 아침을 안 먹고 다녀요.

지금 살고 있는 집은 방도 좁고 해서 이사를 가려고 해.

● '-고 해서'를 사용하여 〈보기〉와 같이 이야기해 보세요.

> 〈보기〉 가: 너 그 필통 아직도 써? 오래됐다고 버린다며.
> 나: 응. 사러 가기 귀찮고 해서 그냥 쓰고 있어. (사러 가기 귀찮다)

(1) 아직은 쓸 만한 것 같다

(2) 버리기에는 아깝다

여러 가지 이유 중 어떤 이유로 해서, 무슨 일이나 행동을 해요. '-고 해서'를 사용하여 말해 보세요.

한국인의 나눔 문화를 엿보다

¤ 서로 번갈아 가면서 힘든 일을 도와주는 것을 '품앗이'라고 해요. 예전에는 농사일이나 집안에 큰 행사가 있을 때 이웃들이 와서 도와줬어요. 그리고 나중에 도울 일이 있을 때 이웃의 집에 가서 일손을 거들었어요. 이 문화가 이어져서 요즘에는 '육아 품앗이', '반찬 품앗이'를 하기도 해요.

¤ 한국에는 옛날부터 첫 생일, 결혼, 승진, 이사, 개업 등과 같이 축하할 일이나 감사한 일이 있을 때 떡을 돌리는 풍습이 있어요. 이렇게 떡을 돌리는 문화는 아직까지 우리 생활 곳곳에 남아 있어요. 요즘은 떡 대신 빵, 과자, 수건, 향초 등 다양한 물건을 선물하기도 해요.

제 결혼식에 와 주셔서 감사했어요.

옆집으로 이사 온 사람이에요. 앞으로 잘 부탁드려요.

¤ 한국에서는 물건을 사면 '정'을 나눈다고 생각해서 내가 산 물건보다 더 많이 주거나 다른
  물건을 조금씩 더 주기도 해요. 이것을 '덤'이라고 해요. 이렇게 한국에는 덤을 주는 문화가
  있어요.

¤ 요즘 동호회나 인터넷 카페에서는 자신이 안 쓰는 물건을 필요로 하는 사람들에게 무료로
  나눠 주기도 해요.

여러분은 다른 나라의 특별한 나눔 문화를 알고 있어요?

07 더 배워요

● 7과에서 무엇을 배우는지 알아봅시다.

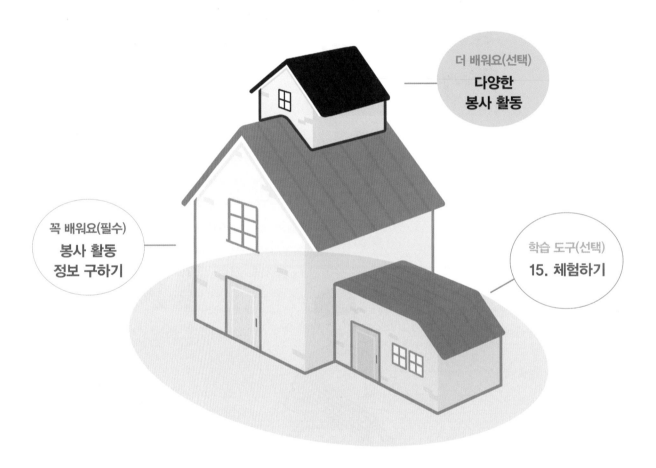

더 배워요(선택)
**다양한
봉사 활동**

꼭 배워요(필수)
**봉사 활동
정보 구하기**

학습 도구(선택)
15. 체험하기

목소리를 기부해요.

벽화를 그려요.

다양한
봉사 활동

강아지를 돌봐요.

농사일을 도와요.

함께 이야기해 봐요

1. 혼자 사시는 할아버지, 할머니를 위해 무슨 일을 할 수 있을까요?

2. 아동 보호 기관에서 봉사 활동을 한다면 무슨 일을 할 수 있을까요?

대화해 봐요 1

안나가 봉사 활동을 하기로 한 곳에 전화를 했어요. ▦로 확인해 보세요.

안나가 주말에 만나자는 호민이의 제안을 거절하고 있어요.
먼저 ▦로 확인해 보세요.

① 안나야, 이번 주 토요일에 친한 친구들하고 다 같이 영화 보러 가자.

② 미안한데 이번 주 토요일에 꼭 가야 하는 건 아니지? 내가 이번 주 토요일에는 일이 있어서 말이야. 목소리 기부하기로 했는데 그날 기부자 교육이 있어.

③ 다음에 가면 안 돼? 다른 애들이 다 이번 주 토요일이 괜찮다고 했단 말이야. 오랜만에 다 같이 영화 보면서 기분 전환하면 좋을 것 같은데. 그날 다 같이 모이는 김에 밥도 먹고 노래방도 갈 거야.

④ 나도 같이 가고 싶긴 한데 이미 약속을 해서 안 될 것 같아.

⑤ 그래? 다른 일만 같아도 같이 가자고 더 이야기해 볼 텐데. 너랑 같이 못 가서 아쉬울 따름이야.

⑥ 응, 나도 그래. 다음에는 꼭 같이 가자.

┃┃ 질문에 답하세요.

1. 내용과 같으면 O, 다르면 X 하세요.

    (1) 안나는 토요일에 봉사 활동 교육을 받으러 갈 겁니다.   (   )

    (2) 친구들은 안나를 위해 약속 날짜를 바꿨습니다.   (   )

    (3) 안나는 친구들과 함께 목소리 기부에 참여하기로 했습니다.   (   )

2. 우리가 할 수 있는 특별한 봉사 활동에는 뭐가 있을까요?

    ➜ _____

  안나가 교육을 받고 목소리를 기부하러 갔어요.
🔲로 확인해 보세요.

 전체 대화를 들어 보세요.

▨ 활용하기

와니가 정호에게 봉사 활동을 같이 가자고 이야기하고 있어요.

 : 정호야, 이번 주말에 벽화 그리는 봉사 활동을 하러 같이 안 갈래? 영수가 같이 가기로 했었는데 갑자기 일이 생겨서 못 가게 됐거든.

 : 미안하지만 인원을 꼭 다 채워야 하는 건 아니지? 난 그림 못 그린단 말야.

 : 꼭 그런 건 아닌데. 같이 가면 좋을 것 같아. 같이 그림 그리면서 추억도 쌓고 봉사 활동 점수도 쌓고. 일석이조잖아.

 : 나도 같이 해 보고 싶긴 한데 내가 가면 방해만 될 것 같아. 그냥 너희들끼리 다녀와.

대화해 봐요 2

무슨 봉사 활동을 할지 고민하고 있는 민우에게 소연이가 조언해 주고 있어요. ▓로 확인해 보세요.

민우가 동물 보호소에 전화를 했어요. 먼저 ▓로 확인해 보세요.

① 거기 동물 보호소지요? 이번 주 일요일에 봉사 활동을 할 수 있는지 알아보려고 전화했습니다.

② 물론이지요. 요즘 보호소에 강아지가 늘어서 일손이 부족했는데 잘됐네요. 혹시 동물 보호소에서 봉사 활동을 해 본 적이 있어요?

③ 아니요, 처음이에요. 그런데 제가 강아지도 좋아하고 오래 키웠던 경험도 있고 해서 조금이나마 도움이 될까 싶어서요. 거기에 가서 제가 주로 어떤 일을 해야 하나요?

④ 오시면 먼저 강아지 집을 청소하고 한 마리당 30분 정도 산책을 시켜 주면 돼요.

⑤ 혹시 따로 준비할 것이나 주의할 점이 있으면 말씀해 주세요.

⑥ 별도로 준비해 올 건 없어요. 청소할 때 필요한 앞치마랑 장갑, 장화, 마스크까지 저희가 다 제공해 드려요. 주의할 점은 오시면 말씀드릴게요. 일요일 오전 10시까지 오세요.

⑦ 네, 그때 뵙겠습니다.

질문에 답하세요.

1. 내용과 같으면 O, 다르면 X 하세요.

   (1) 민우는 오래 전부터 동물 보호소에서 봉사 활동을 해 오고 있습니다.   (   )

   (2) 민우는 동물 보호소에서 강아지와 산책을 할 겁니다.   (   )

   (3) 민우는 앞치마와 장갑, 마스크를 준비해 가야 합니다.   (   )

2. 집에서 동물을 키우면 무엇이 좋아요? 무엇이 불편해요?

   ➡ _____

 민우가 봉사 활동을 하러 동물 보호소에 갔어요.
▨로 확인해 보세요.

 전체 대화를 들어 보세요.

▨ **활용하기**

수호가 선생님께 농촌 봉사 활동에 대해 여쭤보고 있어요.

 : 선생님, 내일 농촌 봉사 활동에 가기 전에 뭘 준비해야 하나요?

 : 특별히 준비할 건 없어. 편한 옷만 입고 가면 돼.

 : 그럼 조심해야 할 점이나 미리 알아야 할 것이 있으면 알려 주세요.

 : 여기에 자세히 써 있으니까 한번 읽어 봐.
그리고 내일 가면 거기 계신 분이 더 자세히 말씀해 주실 거야.

읽고 써 봐요

¤ **다음을 읽고 질문에 답하세요.**

신문 기사 　봉사 활동 미담

대한고등학교 학생 40명, 일일 손자 손녀 봉사 활동 펼쳐

　대한고등학교 1학년 학생 40명은 겨울 방학을 맞아 지난 20일 대한군의 한 시골 마을을 방문해 봉사 활동을 실시했다. 참여 학생들은 혼자 사시는 할머니와 할아버지의 집에 가서 팔과 어깨를 안마해 드리며 말벗이 되어 드렸다. 그리고 집과 마당을 깨끗이 청소해 드리는 등 이날 하루는 일일 손자 손녀가 돼 효도 봉사 활동을 펼쳤다. 또한 노래와 춤 등 작은 공연을 준비해 어르신들께 웃음을 선물하기도 했다. 그야말로 조용했던 시골 마을이 웃음소리로 가득한 날이었다.

　봉사에 참여한 이민우 학생은 처음 보는 할머니께 안마를 해 드리며 이야기를 나누는 일을 지금까지 해 본 적이 없어서 어색했지만 보람 있는 일인 만큼 마음을 다해 참여했다며 이런 봉사 활동이 이번 한 번으로 끝나지 않고 계속 이어지기를 바랄 따름이라고 했다. 이번 봉사 활동의 인솔 교사 김지영 선생님은 학생들이 주변의 어려운 이웃에 관심을 갖고 봉사 활동을 통해 따뜻한 마음을 갖춘 리더로 성장하기를 바라는 마음에서 이 활동을 준비했다고 하였다.

〈조인성 기자〉

1. 읽은 내용과 같으면 O, 다르면 X 하세요.

　(1) 대한고등학교에 재학 중인 모든 학생이 이 봉사 활동에 참여했다. 　　(　　　　)

　(2) 어르신들은 고마움의 뜻으로 학생들을 위해 공연을 준비했다. 　　(　　　　)

　(3) 민우는 앞으로도 계속 봉사 활동을 하고 싶어 한다. 　　(　　　　)

2. 학생들은 어떤 봉사 활동을 펼쳤습니까?

3. 선생님은 어떤 바람을 가지고 이 활동을 준비했습니까?

☒ **여러분이 기자가 되어 그림을 보고 기사를 완성해 보세요.**

대한중학교 학생 20명, 아동 보호 기관에서 봉사 활동

대한중학교 1학년 학생 20명은 여름 방학을 맞아 지난 15일 한민시의 한 아동 보호 기관을 방문해 봉사 활동을 펼쳤다.

_____

_____

_____

_____

_____

〈_____기자〉

08 힘들더라도 조금만 더 참으세요

● 8과에서 무엇을 배우는지 알아봅시다.

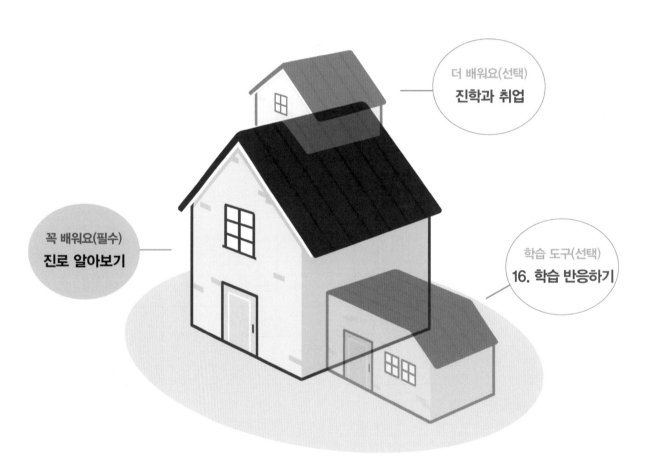

더 배워요(선택)
진학과 취업

꼭 배워요(필수)
진로 알아보기

학습 도구(선택)
16. 학습 반응하기

학습 목표
다른 사람에게 도움이 되는 일을 권유할 수 있다.
어떤 일에 대한 자신의 의견을 표현할 수 있다.

어휘 진학과 취업 관련 어휘
문법 –는 반면에, –더라도,
　　 –다시피, –곤 하다

함께 이야기해 봐요

1. 여러분은 고등학교를 졸업한 후 무엇을 하고 싶어요?

2. 진로를 선택할 때 무엇을 가장 중요하게 생각해요?

어휘를 배워요

● 한국에는 무슨 무슨 고등학교가 있어요?

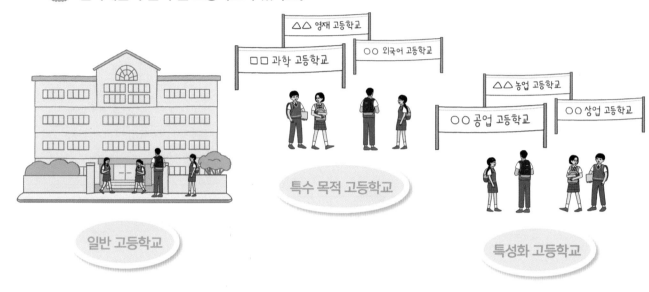

● 대학교에 진학하기 위해서는 무엇을 해야 해요?

● 대학교에서 무엇을 전공하고 싶어요?

국어 국문학
사학

정치 외교학
경제학

수학
화학

기계 공학
컴퓨터 공학

의학
간호학

디자인학
음악학

● 취업을 하기 위해서는 어떤 준비가 필요해요?

자격증을 따다

현장 실습을 가다

경력을 쌓다

경쟁력을 키우다

기술, 소수, 어학,
작동, 썩, 여간, 공지하다,
불구하다, 새우다,
선호하다, 느긋하다

① 선생님, 특성화 고등학교에 가면 뭐가 좋아요?

② 직업에 대한 전문 기술을 익힐 수 있는 게 큰 장점이지.

③ 그렇군요. 저처럼 취업에 관심이 있는 학생들은 특성화 고등학교에 가는 것도 좋겠네요.

④ 응. 그런데 취업을 일찍부터 준비할 수 있는 반면에 다양한 공부를 할 시간이 적다는 단점이 있어. 그러니까 잘 생각해 봐.

–는 반면에

–ㄴ 반면에, –은 반면에

앞에 오는 말과 뒤에 오는 말이 서로 반대되는 사실임을 나타내는 표현.

이 호텔은 가격이 싼 반면에 서비스가 좋아서 인기가 많아요.

남학생들은 기계나 컴퓨터 관련 전공을 선호하는 반면에 여학생들은 어학 전공을 선호한대.

무대가 잘 안 보이는 뒤쪽에는 자리가 많이 남아 있는 반면에 잘 보이는 앞쪽에는 빈자리가 하나도 없어.

● '–는 반면에'를 사용하여 〈보기〉와 같이 이야기해 보세요.

〈보기〉
가: 호민아, 너랑 동생은 성격이 좀 다른 것 같아.
나: 응. 한 가족인데도 불구하고 내 동생은 성격이 활발한 반면에 난 그러지 못한 편이야.
(활발하다)

(1) 꼼꼼하다

(2) 느긋하다

옆 친구와 나는 어떤 점이 다른가요? '–는 반면에'를 사용하여 말해 보세요.

문법을 배워요 2

① 선배, 수능이 100일도 안 남았네요.

③ 그럼요. 힘들더라도 조금만 더 참으세요.

② 그러게. 시간이 참 빠르다. 그래도 수능 끝나고 나면 즐거운 대학 생활이 기다리고 있겠지?

④ 응. 시험 보고 나서 후회하지 않으려면 열심히 공부해야겠어.

-더라도

앞에 오는 말을 가정하거나 인정하지만 뒤에 오는 말에는 관계가 없거나 영향을 끼치지 않음을 나타내는 연결 어미.

문제가 다소 어렵더라도 시간 내서 풀어 보는 게 좋을 거야.

무리가 되더라도 오늘 내로 이 일을 마무리 지으려고 해요.

수능 성적이 좋더라도 면접을 보지 않으면 합격할 수가 없어.

● '-더라도'를 사용하여 〈보기〉와 같이 이야기해 보세요.

> 〈보기〉
> 가: 기차가 도착하려면 아직 멀었어? (기차가 도착하다)
> 나: 30분 정도만 기다리면 되니까 지루하더라도 조금만 참아. (지루하다)

(1) 음식이 완성되다, 배고프다

(2) 공연이 시작되다, 빨리 보고 싶다

어떤 일을 하기가 힘들어도 해야 할 때가 있어요? '-더라도'를 사용하여 말해 보세요.

문법을 배워요 3

① 너도 알다시피 난 공부에 흥미가 없잖아. 그래서 대학에 진학을 해야 할지 말지 고민이 많아.

② 음, 나중에 취업을 생각하면 가는 게 좋지 않을까?

③ 꼭 대학교를 졸업해야 취업 할 수 있는 건 아닌 것 같아서.

④ 그래. 네 말도 맞아. 시간을 가지고 좀 더 고민해 봐.

-다시피

듣는 사람이 이미 알고 있는 것과 같음을 나타내는 연결 어미.

너도 알다시피 내가 노래를 썩 잘하지는 못하잖아.

보시다시피 지역별로 음식에 사용되는 재료나 조리 방법이 다릅니다.

다들 들었다시피 내일부터 진학 상담을 시작하니까 전공하고 싶은 학과를 미리 생각해 놓으세요.

● '-다시피'를 사용하여 〈보기〉와 같이 문장을 완성해 보세요.

〈보기〉 이미 <u>공지했다시피</u> 내일 학생회장 선거가 있을 예정이에요. (공지하다)

(1) 모두 _____ 소수의 의견이라고 해서 무시해서는 안 됩니다. (알다)

(2) 너도 _____ 아르바이트 찾기가 여간 어려운 게 아니잖아. (경험하다)

친구와 같이 둘이 알거나 본 사실이 있어요. 이것에 대해 친구에게 '-다시피'를 사용하여 말해 보세요.

문법을 배워요 4

① 세인아, 시간이 있을 때 뭐 해?

② 난 평소에 시간이 날 때마다 패션 잡지를 들여다보곤 해.

③ 잡지? 아, 너 나중에 패션 디자이너가 되고 싶다고 했지?

④ 응. 평소에 패션에 관한 책을 많이 봐 두면 나중에 도움이 될 것 같아서.

-곤 하다

같은 상황이 반복됨을 나타내는 표현.

노트북이 오래돼서 그런지 가끔 작동이 잘 안되곤 해.
대학생이 되어서 즐겁게 대학 생활을 하는 상상을 하곤 해.
전에는 시간 내서 영화도 보곤 했지만 요새는 통 시간이 없어요.

● '-곤 하다'를 사용하여 〈보기〉와 같이 문장을 완성해 보세요.

〈보기〉 주말이 되면 가족들과 <u>외식을 하곤 해요</u>. (외식을 하다)

(1) 공부하다가 너무 졸리면 책상에 ＿＿＿＿＿＿＿＿＿. (엎드린 채로 자다)

(2) 재미있는 소설책이 있으면 읽다가 ＿＿＿＿＿＿＿＿＿＿. (밤을 새우다)

여러분은 언제 무슨 행동을 자주 해요? '-곤 하다'를 사용하여 말해 보세요.

한국 청소년들의 앞날을 들여다보다

¤ 돌잔치는 아기의 첫 번째 생일을 축하하는 한국의 오래된 풍습이에요. 태어나서 1년을 넘기면 앞으로 무사히 살아갈 수 있다는 뜻으로 잔치를 열었어요.

돌잡이

돌잡이는 돌잔치에서 쌀, 돈, 실, 붓 등을 놓고 아기가 잡는 물건으로 아기의 미래를 점쳐 보는 의식이에요.
요즘에는 청진기, 마이크, 마우스 등 직업과 관련한 다양한 물건을 추가하여 돌잡이를 하기도 해요.

실: 장수

쌀: 부자

돈: 부자

붓: 공부

¤ 자신의 진로를 확실히 하기 위해서는 나 자신을 잘 알아야 해요. 다양한 진로 심리 검사를 통해 여러분이 모르던 자신의 모습을 발견할 수 있어요. 이런 진로 심리 검사는 '워크넷(www.work.go.kr)'이나 '커리어넷(www.career.go.kr)'에서 무료로 할 수 있어요. 또한 워크넷과 커리어넷에서는 대학, 학과, 직업 등 진로와 관련된 다양한 정보를 제공하며 전문가가 진로 상담도 해 줘요.

자신의 진로를 알아볼 수 있는 다른 방법이 있어요?

08 더 배워요

● 8과에서 무엇을 배우는지 알아봅시다.

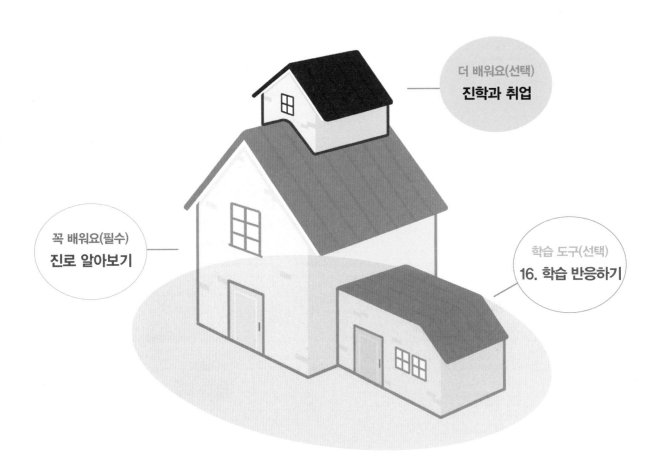

더 배워요(선택)
진학과 취업

꼭 배워요(필수)
진로 알아보기

학습 도구(선택)
16. 학습 반응하기

함께 이야기해 봐요

1. 여러분이 알고 있는 독특한 직업이 있어요?

2. 예전에는 무슨 직업이 인기가 있었을까요?

대화해 봐요 1

 와니와 영수가 정호를 부러워하고 있어요. █로 확인해 보세요.

 정호가 선생님과 상담을 하고 있어요. 먼저 █로 확인해 보세요.

① 정호는 웹툰 작가가 꿈이라고 했지?

② 네. 그래서 웹툰 제작에 필요한 컴퓨터 프로그램을 배우고 있어요. 그리고 틈틈이 만화도 그리곤 해요. 그런데 생각보다 너무 어려워요.

③ 누구든 처음은 어려운 법이야. 너도 알다시피 노력 없이는 좋은 결과가 있을 수 없잖아. 지금처럼 노력하다 보면 잘하게 될 거야.

④ 저는 좀 더 빨리 전문가에게 체계적으로 배우고 싶은데 그런 방법은 없을까요?

⑤ 네 목표가 확실하다면 예술 고등학교나 애니메이션 고등학교에 진학하는 것도 고려해 봐. 하지만 혼자 결정하지 말고 부모님하고 상의해 보도록 해 봐.

⑥ 네. 선생님 말씀대로 부모님하고 이야기해 볼게요.

⑦ 그래. 선생님이 참고할 만한 자료 좀 출력해 줄게. 잠깐만 기다려.

┃┃ 질문에 답하세요.

1. 내용과 같으면 O, 다르면 X 하세요.

   (1) 정호는 현재 웹툰 작가로 활동하고 있습니다.   (   )

   (2) 정호는 시간이 날 때마다 만화 그리는 연습을 합니다.   (   )

   (3) 정호는 부모님과 상의해서 고등학교에 진학하지 않기로 결정했습니다. (   )

2. 여러분은 무슨 꿈을 가지고 있어요? 자신의 꿈을 소개해 주세요.

   ➜ _____

 정호가 무슨 고등학교에 갈지 결정했을까요?
🔲로 확인해 보세요.

 전체 대화를 들어 보세요.

▨ 활용하기

> 영수가 아버지에게 자신의 꿈에 대해서 이야기하고 있어요.

 : 아빠, 저 통역사가 되고 싶어요. 그런데 어떻게 준비를 해야 할지 모르겠어요.

 : 통역사가 되려면 대학이나 대학원에서 전문적으로 공부해야 한대. 그리고 무엇보다 외국어를 잘해야 해. 외국어를 유창하게 하고 싶다면 외국으로 유학 가는 것도 고려해 봐.

 : 그럼 어디로 유학을 가는 게 좋을까요?

 : 벌써 그것부터 고민하지 말고 먼저 진로 상담 선생님을 찾아가서 의논해 보도록 해.

대화해 봐요 2

 수호 어머니가 수호를 걱정하고 있어요. 🔲로 확인해 보세요.

 수호와 유미가 대학교 진학에 대해 이야기하고 있어요.
먼저 🔲로 확인해 보세요.

① 유미야, 넌 대학교에 진학하지 않고 졸업하자마자 취직을 하는 것에 대해 어떻게 생각해?

② 음, 쉽게 결정할 수 있는 문제는 아니라고 생각해. 그건 어떤 분야로 진로를 정하느냐에 따라 달라질 것 같아. 수호 너 혹시 진로 문제로 고민하고 있는 거야?

③ 응. 난 원래 대학교를 꼭 가야 한다고 생각했거든. 그런데 아직 꿈이 없어서 대학교를 가더라도 무슨 과를 가야 할지 모르겠어. 그래서 그럴 거면 차라리 그냥 하루 빨리 취업을 하는 게 낫겠다 싶어.

④ 그렇구나. 그런데 그건 아까 말했다시피 충분히 생각하고 결정해야 할 문제야. 빨리 취업을 하면 경력을 쌓을 수 있는 반면에 대학 생활에 대한 아쉬움이 남을 수 있어. 아직 졸업하려면 2년이나 남았으니까 서두르지 말고 천천히 생각해 봐.

⑤ 고마워. 네 말이 맞는 것 같아. 그럼 일단 내가 뭐가 되고 싶은지부터 곰곰이 생각해 봐야겠다.

질문에 답하세요.

1. 내용과 같으면 O, 다르면 X 하세요.

   (1) 수호는 진로 문제로 고민하고 있습니다.   (   )

   (2) 수호는 대학교에서 전공하고 싶은 분야를 생각해 놓았습니다.   (   )

   (3) 두 사람은 대학교 공부를 마치고 취직하는 것이 좋다고 생각합니다. (   )

2. 여러분은 대학교에서 무엇을 전공하고 싶어요?

   ➡ _____

 수호가 자신이 하고 싶은 일을 찾았을까요?
▓로 확인해 보세요.

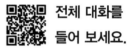 전체 대화를 들어 보세요.

▨ **활용하기**

선영이가 오빠에게 고등학교 진학에 대해 상담하고 있어요.

 : 오빠, 나 잠깐 뭐 좀 물어봐도 돼?

 : 응. 말해.

 : 요즘 3학년 선배들이 고등학교 진학 원서 쓰는 기간이거든. 그걸 보니까 나도 일반 고등학교에 가야 할지 특성화 고등학교에 가야 할지 몰라서 갑자기 고민이 되더라고. 난 어디에 가는 게 나을까?

 : 그건 네 꿈이 무엇이냐에 따라 달라질 것 같아. 오빠가 볼 때는 네가 역사를 좋아하니까 나중에 사학을 전공하는 게 좋을 것 같아. 그러니까 둘 중 하나를 선택할 거면 일반 고등학교에 가는 게 낫겠다 싶어.

읽고 써 봐요

¤ **다음을 읽고 질문에 답하세요.**

 백과사전   시대별 인기 직업

1950년대부터 2000년대까지 시대별로 주목 받았던 직업은?

시대별로 직업에 대한 선호는 변하기 마련이다. 우리나라에서는 각 시대마다 어떤 직업들이 인기를 끌었을까?

1950년대
- 전화 교환원

통신이 발달하지 못했던 과거에는 전화 교환원의 존재가 필수적이었다. 전화 교환원은 전화를 연결해 줄 뿐만 아니라 전화번호를 안내하고 전화 요금을 계산하는 일도 수행했다.

1960년대
- 음악 다방 DJ

이전의 다방은 그저 차를 마시는 곳이 아니라 음악을 감상하는 곳이기도 했다. 그래서 이곳에는 손님들의 신청곡 등 음악을 틀어 주는 DJ가 있었다.

1970~1980년대
- 승무원

우리나라와 해외를 오가는 사람들이 급증하면서 항공 산업이 활발해진 데다가 관련 직업에 대한 관심도 커지게 되었다. 승무원과 조종사는 최고의 인기 직업이 되었고, 특히 승무원은 여성들에게 꿈의 직업 중 하나로 꼽혔다.

1990년대~2000년대
- 벤처 사업가

벤처 기업은 새로운 아이디어와 기술력을 바탕으로 한 중소기업을 말한다. 도전 정신을 가지고 새로운 분야를 개발하는 젊은이들이 늘면서 벤처 사업가가 주목을 받게 되었다.

앞으로는 무엇이 인기 직업이 될까? 시대에 어울리는 직업을 고르는 것도 중요하겠지만 무엇보다 취향과 적성을 고려해 자신에게 잘 맞는 직업을 찾으려는 노력이 필요하지 않나 싶다.

1. 읽은 내용과 같으면 O, 다르면 X 하세요.

   (1) 1950년대에는 전화를 연결해 주는 직업이 큰 인기를 끌었다.   (   )

   (2) 1970~1980년대에 승무원을 꿈꾸는 남성들이 아주 많았다.   (   )

   (3) 벤처 사업가가 되기 위해서는 무엇보다 자본력을 갖추어야 한다.   (   )

2. 1960년대 다방의 모습은 지금의 커피숍과 어떻게 달라요?

3. 이 글을 쓴 사람은 직업을 선택할 때 무엇이 가장 중요하다고 했어요?

¤ **미래에는 무슨 직업이 인기가 많을 것 같아요?**

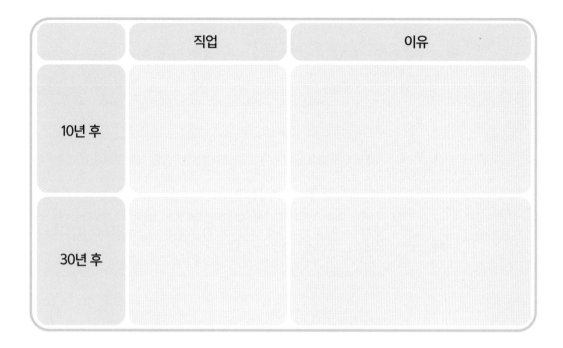

	직업	이유
10년 후		
30년 후		

¤ **여러분과 친구들은 미래에 무슨 일을 하고 있을 것 같아요?**

	직업	이유
나		
친구		

대화 지문

1과	대화 1	전	호민: 와니야, 사회 시간에 필기한 공책 좀 빌려줄 수 있어? 와니: 그럼. 그런데 오늘 공책을 안 가져왔는데 내일 빌려줘도 될까? 호민: 물론이지. 내일 좀 부탁할게. 와니: 응, 알겠어.
		후	와니: 호민아, 노트 필기 잘돼 가? 호민: 아니. 생각보다 오래 걸리네. 그냥 시험 보기 전에 다시 공부하는 게 더 나을 것 같아. 와니: 그래도 이렇게 한 번 정리해 놓는 게 좋아. 공부해야 할 내용이 한눈에 들어오니까 나중에 복습을 하거나 시험 준비를 할 때 시간을 절약할 수 있거든.
	대화 2	전	나나: 세인아, 너 요즘도 인터넷 강의 듣고 있어? 세인: 아니. 너무 어려워서 안 들은 지 꽤 됐어. 나나: 그래? 기초 단계 선택하면 그렇게 어렵지는 않을 텐데. 세인: 기초 단계? 그런 게 있었구나. 그럼 한번 신청해 봐야겠다. 나나: 그래, 한번 해 봐.
		후	세인: 나나야, 그때 소개해 준 인강 정말 도움이 많이 됐어. 나나: 다행이다. 사실 괜히 추천한 건 아닌지 걱정했거든. 난 인강을 듣고 도움이 많이 됐는데 너도 그렇다고 하니까 참 좋다. 세인: 고마워. 수학 실력이 향상돼서 성적이 오르면 한턱낼게. 나나: 좋아. 기대하고 있을게.

2과	대화 1	전	소방관: 안녕하세요, 여러분. 화재가 발생했을 때 가장 먼저 무엇을 해야 하는지 알아요? 먼저 불이 난 것을 봤을 때는 당황하지 말고 "불이야"하고 큰소리로 외쳐서 다른 사람에게 알려 주세요. 그리고 화재경보 비상벨을 눌러 건물 안에 있는 모든 사람들에게 화재 사실을 알려야 합니다. 그다음에 최대한 빨리 안전한 곳으로 대피하세요.
		후	호민: 아, 진짜 저렇게 연기가 위로 올라가는구나. 와니: 그러게. 오늘 배우지 않았다면 난 불이 났을 때 무조건 앞만 보고 달려 나갔을 거야. 호민: 생각만 해도 너무 무섭다. 오늘 배운 거 잊지 말고 절대로 그런 행동은 하지 말자. 와니: 응. 난 이따 집에 가서 가족들에게도 알려 줘야겠어.
	대화 2	전	엄마: 민우야, 케이크랑 우유 먹은 후에 남은 건 냉장고에 꼭 넣어 놔. 민우: 이따가 선영이 오면 선영이도 먹을 것 같은데 꼭 넣어야 해요? 엄마: 그럼. 요즘 날씨가 더워서 남은 음식을 냉장고에 곧바로 넣지 않으면 상하니까 꼭 넣어야 해. 민우: 알았어요. 잊지 않고 넣을게요.
		후	민우: 선영아, 반찬 남은 거 냉장고에 넣었어야지. 이렇게 식탁 위에 그냥 두면 어떡해? 선영: 잠깐 텔레비전 좀 보고 나서 넣으려고 했는데 깜빡했어. 민우: 요즘 같은 날씨에는 먹고 남은 음식을 냉장고에 바로 넣지 않으면 쉽게 상해. 상한 음식을 먹으면 식중독에 걸릴 수 있으니 조심해야지. 선영: 알았어, 알았어. 앞으로는 먹자마자 남은 음식은 냉장고에 넣을게.

3과	대화 1	전	하나 선생님: 호민아, 무슨 일 있니? 표정이 좀 어두워 보이네. 호민: 고민이 좀 있어서요. 선생님, 상담을 좀 받고 싶은데 언제 시간 괜찮으세요? 하나 선생님: 그래? 그럼 오늘 수업 끝나고 얘기할까? 호민: 네, 감사합니다. 이따 찾아뵙겠습니다.
		후	선영: 그럼 우리 팀은 누가 팀장이 되면 좋을까? 호민: 저기, 내가 한번 해 보면 안 될까? 잘할 수 있을지는 모르겠지만 최선을 다해 볼게. 선영: 좋아. 호민이 너한테 이런 모습이 있는 줄 몰랐어. 잘 부탁해. 호민: 우리 팀을 위해 책임감을 갖고 열심히 해 볼게. 많이 도와줘.
	대화 2	전	민우: 소연아, 요즘 수호가 아침마다 수영 배우러 다닌대. 소연: 정말? 수호는 어렸을 때부터 운동하는 걸 좋아했다고 했지? 공부하기도 상당히 힘들 텐데 정말 대단하다. 민우: 응. 나도 전부터 생각은 했지만 실천은 아직도 못하고 있는데 수호는 정말 굉장한 것 같아. 소연: 우리도 수호처럼 계획한 걸 실천하는 습관을 길러 보자.
		후	수호: 소연아, 어때? 새벽마다 수영장 다닐 만해? 소연: 응. 매일 잠을 못 자서 힘들었었는데 수영장에 다니고 나서부터는 밤에 잠을 잘 자. 근데 피곤해서 그런지 수업 시간에도 잠이 쏟아져. 수호: 뭐? 하하하.

4과	대화 1	전	안나: 영수야, 너희 조는 뭐 만들기로 했어? 우리 조는 김밥 만들기로 했는데. 영수: 김밥? 맛있겠다. 우리 조는 궁중떡볶이. 옛날에 궁에서 먹던 떡볶이인데 고추장을 사용하지 않고 간장으로 만드는 거래. 안나: 그런 떡볶이도 있구나. 나도 먹어 보고 싶다. 영수: 다 만든 후에 좀 나눠 줄게.
		후	영수: 안나야, 이쪽으로 와서 떡볶이 좀 먹어 봐. 안나: 벌써 다 완성한 거야? 알겠어. 이게 뭐야? 왜 이렇게 짜? 간장을 얼마나 넣은 거야? 영수: 간장은 얼마 안 넣었는데 이상하네. 어, 어떡하지? 아까 설탕을 많이 넣었는데 그게 설탕이 아니라 소금이었나 봐.
	대화 2	전	유미: 수호는 멀리뛰기 진짜 잘한다. 뭔가 특별한 방법이 있나? 세인: 저번에 물어봤는데 자신만의 특별한 방법이 있는 모양이야. 유미: 그래? 그럼 수호한테 가서 방법 좀 알려 달라고 해야겠다. 세인: 그래. 그렇게 해 봐.
		후	세인: 유미야, 너 수호한테 멀리뛰기를 어떻게 하면 잘할 수 있는지 물어봤어? 유미: 응. 내가 뛰는 걸 보고 수호가 자세를 고쳐 줬어. 이제 자신 있어. 세인: 그래? 그럼 이제 2m도 문제없겠네. 하하하.

5과	대화 1	전	영수: 선생님, 아까 조회 시간에 말씀하신 역사 퀴즈 대회요. 어디에서 대회 정보를 알 수 있어요? 하나 선생님: 여기 이 포스터 한 장 줄게. 한번 읽어 봐. 보다가 궁금한 게 생기면 거기 적혀 있는 전화나 이메일로 문의하면 될 거야. 영수: 감사합니다, 선생님.
		후	선영: 영수야, 역사 퀴즈 대회 예선전은 잘 봤어? 영수: 응, 예선 통과했어. 겨우 통과한 거긴 하지만 얼마나 다행인지 몰라. 선영: 본선에 진출한 거 축하해. 본선은 다음 달에 열리지? 영수: 응, 이번엔 제대로 준비해서 꼭 우승하고 말거야. 선영: 야, 너 의욕이 넘친다. 전하고 다른걸.
	대화 2	전	유미: 감사합니다. 그동안 힘든 노력을 보상 받은 것 같아 기분이 무척 좋습니다. 이 상을 받을 수 있게 저를 지도해 주신 선생님과, 옆에서 힘이 되어 준 가족과 친구들에게 감사 인사를 드립니다. 다음에도 이런 기회를 얻을 수 있도록 계속 노력하겠습니다.
		후	나나, 세인, 민우: 유미야, 축하해. 유미: 고마워. 모두 너희들이 응원해 준 덕분이야. 세인: 대상 받았다는 소식을 듣고 기뻐서 난 소리까지 질렀잖아. 모르는 사람이 봤으면 내가 상을 받은 줄 알았을 거야. 유미: 하하하. 너희가 이렇게 축하해 주니까 상 받은 게 정말 실감이 난다. 모두 고마워. 세인: 역시 우리밖에 없지? 그럼 상금으로 한턱 쏘는 거다.

6과	대화 1	전	선영: 선생님이 그러시는데 다음 달에 직업 체험 프로그램이 열린대. 체험하고 싶은 직업이 있으면 신청하면 돼. 그럼 그 일을 하는 사람을 직접 만나서 이야기도 하고 업무도 배워 볼 수 있대. 호민: 체험하고 싶은 직업? 난 패션 디자인에 관심이 있기는 한데. 안나: 난 가수가 되고 싶은데 가수도 만날 수 있어? 선영: 글쎄, 선생님께 여쭤볼게. 다른 사람들도 생각해 보고 말해 줘.
		후	호민: 선영아, 덕분에 좋은 경험하고 왔어. 직업 체험 프로그램 정말 좋더라. 선영: 다행이다. 사진도 많이 찍었어? 보고서 쓸 때 사진도 넣으면 좋잖아. 호민: 무슨 보고서? 설마 이거 보고서 써야 하는 거야? 선영: 응. 내가 말 안 했나? 깜빡했나 봐. 내일까지 작성해서 내야 해. 호민: 야, 그건 말 안 했잖아.
	대화 2	전	소연: 수호야, 적성 검사 결과 나왔는데 확인했어? 수호: 응, 확인했지. 내 예상대로 운동 능력 점수가 엄청나게 높게 나왔어. 역시 난 운동선수가 돼야 할 운명인가 봐. 소연: 나도 너 그렇게 나올 줄 알았어. 그렇게 운동을 좋아하는데 운동 능력 점수가 안 좋을 수 없지. 하하하. 수호: 오, 소연이 넌 추리 능력이 뛰어난 것 같은데.
		후	세인: 소연아, 나 아무래도 디자이너가 돼야겠어. 소연: 뭐? 갑자기 왜 마음을 바꿨어? 어제까지만 해도 디자이너에 관심이 없다고 했잖아. 세인: 그랬지. 그런데 오늘 미술 실기에서 만점을 받았지 뭐야. 난 역시 예술에 재능이 있나 봐. 소연: 그래? 그 꿈 오래도록 변하지 않기를 바랄게.

7과	대화 1	전	안나: 안녕하세요? 목소리 기부 봉사 활동을 하기로 한 대한중학교 1학년 안나입니다. 교육 일정이 나왔는지 여쭤보려고 전화드렸습니다. 남자 직원: 일정표를 이메일로 보냈는데 못 받았어요? 안나: 조금 전에도 확인해 봤는데 없었어요. 남자 직원: 그래요? 잠시만요. 교육은 이번 주 토요일에 있어요. 오전 10시까지 지난번에 면접 본 장소로 오시면 돼요. 안나: 네, 감사합니다.
		후	남자 직원: 안나 학생은 아무래도 안 되겠어요. 할머니 목소리로 말해야 하는데 목소리가 너무 아이 같아서 안 맞아요. 다음에 다른 책을 녹음할 때 올래요? 안나: 아니요, 아니요. 다시 해 볼게요. 잘할 수 있어요. 남자 직원: 흠, 벌써 이 부분만 아홉 번째 하고 있어요. 이번이 진짜 마지막이에요. 안 되면 다음에 다른 책 녹음하는 거예요. 안나: 네, 알겠습니다. 아이고, 우리 귀여운 손자 왔어?
	대화 2	전	소연: 민우야, 봉사 활동 어디에서 할지 정했어? 민우: 아직. '1365 자원 봉사 안내' 홈페이지에 들어가 봤는데 아직 갈 만한 곳을 못 찾았어. 소연: 그래? 꼭 거기에서 찾아야 하는 건 아니니까 잘 생각해 봐. 아, 민우 너 오랫동안 강아지 키웠다고 하지 않았어? 동물 보호소에서 봉사 활동하는 건 어때? 민우: 동물 보호소? 좋은 생각 같아. 한번 알아봐야겠다.
		후	민우: 저, 이 강아지도 제가 산책시켜야 해요? 직원: 네. 좀 커서 놀랐죠? 그래도 순해서 산책시키기 편하실 거예요. 민우: 알겠어요. 한번 도전해 볼게요. 직원: 여기 목줄을 잡고 산책시켜 보세요. 민우: 네. 어, 어, 어. 뛰지 마!

8과	대화 1	전	영수: 와니야, 지난번에 보던 진로 탐색 책자 좀 빌려줄 수 있어? 와니: 응. 천천히 보고 돌려줘. 다양한 정보가 들어 있어서 도움이 될 거야. 영수: 고마워. 앞으로 어떤 길을 가야 할지 몰라서 이거 보면서 찾아보려고 해. 그러고 보면 정호는 정말 대단한 것 같아. 벌써 자기 진로가 확실하잖아. 와니: 그러게. 정호는 좋겠다. 진로 때문에 고민할 일이 없잖아.
		후	정호: 아, 빨리 2년이 지났으면 좋겠다. 안나: 갑자기 그게 무슨 소리야? 정호: 나 빨리 고등학교에 가고 싶어. 그래야 애니메이션을 전문적으로 배울 수 있거든. 안나: 중학교 졸업하고 그 고등학교로 진학하면 우리랑 헤어지는데 아쉽지 않아? 정호: 어. 아, 좋은 방법이 있어. 우리 다 같이 애니메이션고로 가면 되지.
	대화 2	전	수호 엄마: 수호야, 요즘 무슨 고민 있니? 통 밥을 못 먹네. 수호: 고민은요. 입맛이 조금 없어서 그래요. 수호 엄마: 그래? 표정도 어둡고 자주 멍하니 있는 것 같아서 걱정했어. 별일 없으면 됐어. 수호: 걱정 끼쳐서 죄송해요.
		후	유미: 어, 수호야. 요즘 무슨 일 있어? 왜 이렇게 바빠? 다른 친구들도 모두 네 얼굴 보기 힘들다고 난리야. 수호: 특별한 일이 있는 건 아니고 내가 한동안 진로 때문에 고민이 많았잖아. 그래서 여러 차례 상담도 받고 상담 선생님이 추천해 준 특강도 들으러 다녔어. 이제야 내가 뭐에 흥미를 느끼는지 조금은 알 것 같아. 유미: 잘됐네. 그래서 수호 네가 흥미를 느끼는 건 뭐야? 수호: 아직은 비밀이야. 나중에 말해 줄게.

정답

1과		
문법 1	(1) 마음이 불편해서 그런지 (2) 일교차가 커서 그런지	
문법 2	(1) 뛰어난 줄 몰랐어 (2) 실력이 좋은 줄 몰랐어	
문법 3	(1) 신중하게 생각하고 결정했더라면 (2) 그 소식을 미리 알고 있었더라면	
문법 4	(1) 산꼭대기까지 올라가려다가 (2) 단골 식당에서 밥을 먹으려다가	
대화 1	1. (1) O (2) X (3) O	
대화 2	1. (1) X (2) X (3) O	
읽고 쓰기	1. (1) X (2) X (3) O 2. 고 1, 고 2 학생을 대상으로 60시간 동안 진행돼요. 3. 강의 맛보기를 클릭하면 돼요.	

2과		
문법 1	(1) 인터넷으로 검색한다거나 (2) 문제 해설을 읽는다거나	
문법 2	(1) 책을 여기에 놓았어요 / 책이 여기에 놓여 (2) 꽃병에 물을 담았어요 / 꽃병에 물이 담겨	
문법 3	(1) 대사에 공감이 갈 뿐만 아니라 (2) 소재가 흥미로울 뿐만 아니라	
문법 4	(1) 읽던 (2) 다니던	
대화 1	1. (1) O (2) X (3) X	
대화 2	1. (1) X (2) O (3) O	
읽고 쓰기	1. (1) X (2) O (3) X 2. 순식간에 큰 화재로 이어질 수 있기 때문에 화재 발생 초기에 꺼야 해요. 3. 안전핀을 뽑아야 해요.	

3과		
문법 1	(1) 본 대로 (2) 추천한 대로	
문법 2	(1) 체육 대회 때 달리기 선수로 나온다면서 (2) 너희 조 대표로 발표한다면서	
문법 3	(1) 그 작가의 소설을 읽고 보니 (2) 그 식당에 직접 가고 보니	
문법 4	(1) 면접을 봐야 할걸 (2) 신청서랑 자기소개서를 내야 할걸	
대화 1	1. (1) X (2) O (3) O	
대화 2	1. (1) O (2) O (3) X	
읽고 쓰기	1. (1) X (2) O (3) X 2. 자기 이해, 학습 방법, 진로 선택, 직업 세계 등의 자료들이 준비되어 있어요. 3. 선생님과 만날 시간을 정한 후에 그 시간에 상담실에 직접 방문해야 해요.	

4과	
문법 1	(1) 들을수록 (2) 갈수록
문법 2	(1) 고개를 숙이고 걸어가던데 (2) 기침을 계속하던데
문법 3	(1) 골을 넣다가 넘어진 모양이야 (2) 무리해서 달리다가 발목을 삔 모양이야
문법 4	(1) 교복을 입은 채로 (2) 문제를 다 풀지 못한 채로
대화 1	1. (1) X (2) X (3) O
대화 2	1. (1) O (2) O (3) O
읽고 쓰기	1. (1) X (2) O (3) O 2. 전주비빔밥은 콩나물을 넣고 진주비빔밥은 익히지 않은 소고기를 넣어요. 그리고 통영에서는 해산물을 넣어요. 3. 조화와 화합을 상징해요.

5과	
문법 1	(1) 길을 몰라서 헤맨 탓에 (2) 운전이 서툰 탓에
문법 2	(1) 무시해 버렸어 (2) 지워 버렸어
문법 3	(1) 컵이 미끄러워서 놓칠 뻔했어. (2) 깜짝 놀라서 땅바닥에 주저앉을 뻔했어.
문법 4	(1) 맛은 있는데 직원이 불친절하더라 (2) 오늘은 문을 닫았더라
대화 1	1. (1) X (2) X (3) X
대화 2	1. (1) O (2) O (3) X
읽고 쓰기	1. (1) O (2) X (3) O 2. 중학생 부문과 고등학생 부문으로 나뉘어 있어요. 3. 참가 신청서와 역사박물관 감상문이 필요해요.

6과	
문법 1	(1) 디자인이 독특한 데다가 (2) 웬만해서는 고장이 안 나는 데다가
문법 2	(1) 여행을 가든지 자격증 시험을 준비하든지 (2) 소리를 줄이든지 끄든지
문법 3	(1) 쉬게 해요 (2) 오게 해요
문법 4	(1) 험하지 않나 싶어 (2) 나아지지 않았나 싶어
대화 1	1. (1) O (2) X (3) X
대화 2	1. (1) O (2) X (3) X
읽고 쓰기	1. (1) X (2) O (3) X 2. 여행 중 행복하냐는 질문을 듣고, 여유롭게 즐길 수 있는 일을 하면서 살아야겠다는 생각을 하게 되면서 여행 작가가 되었어요. 3. 페루의 역사와 자연 환경 그리고 페루 사람들의 삶이 잘 녹아 있는 책이에요.

7과	
문법 1	(1) 안타까울 따름이야 (2) 부러울 따름이야
문법 2	(1) 대청소를 하는 김에 (2) 외갓집에 간 김에
문법 3	(1) 학교로 취재를 나왔던 기자 (2) 학교 앞에서 설문지를 돌렸던 대학생
문법 4	(1) 아직은 쓸 만한 것 같고 해서 (2) 버리기에는 아깝고 해서
대화 1	1. (1) O (2) X (3) X
대화 2	1. (1) X (2) O (3) X
읽고 쓰기	1. (1) X (2) X (3) O 2. 혼자 사시는 할머니 할아버지 집에 가서 안마를 해 드리고 말벗이 되어 드렸어요. 그리고 집과 마당을 깨끗이 청소했어요. 3. 학생들이 주변의 어려운 이웃에 관심을 갖고, 따뜻한 마음을 갖춘 리더로 성장하기 바라는 마음에서 이 활동을 준비했어요.

8과	
문법 1	(1) 꼼꼼한 반면에 (2) 느긋한 반면에
문법 2	(1) 음식이 완성되려면 / 배고프더라도 (2) 공연이 시작되려면 / 빨리 보고 싶더라도
문법 3	(1) 알다시피 / 아시다시피 (2) 경험했다시피
문법 4	(1) 엎드린 채로 자곤 해요 (2) 밤을 새우곤 해요
대화 1	1. (1) X (2) O (3) X
대화 2	1. (1) O (2) X (3) X
읽고 쓰기	1. (1) O (2) X (3) X 2. 1960년대 다방은 지금의 커피숍과 다르게 음악을 감상하는 곳이었어요. 3. 취향과 적성을 고려해서 자신에게 잘 맞는 직업을 찾아야 한다고 했어요.

어휘 색인

ㅇ

ㅈ

ㅊ

ㅋ

문법 색인

담당 연구원 ──
정혜선 국립국어원 학예연구사
박지수 국립국어원 연구원

집필진 ──
책임 집필
심혜령 배재대학교 한국어문학과 교수

공동 집필
내용 집필

박석준 배재대학교 한국어문학과 교수
김윤주 한성대학교 크리에이티브인문학부 교수
문정현 배재대학교 미래역량교육부 교수
이미향 영남대학교 국제학부 교수
이숙진 강남대학교 어학교육원 강사
이은영 전북대학교 언어교육부 강사
홍종명 한국외국어대학교 한국어교육과 교수
오현아 강원대학교 국어교육과 교수
이선중 경희대학교 국제교육원 객원교수
황성은 배재대학교 글로벌교육부 교수

내용 검토

조영철 인천담방초등학교 교사
김형순 인천한누리학교 교사

연구 보조원

김경미 배재대학교 한국어교육원 강사
김세정 한남대학교 한국어교육원 강사
최성렬 배재대학교 한국어교육학과 박사 과정
김미영 우석대학교 한국어교육지원센터 강사

박현경 배재대학교 한국어교육원 강사
이창석 배재대학교 한국어교육원 강사
주명진 인천영종고등학교 교사
김진희 대구북동중학교 교사

중고등학생을 위한
표준 한국어
의사소통 4

ⓒ 국립국어원 기획 | 심혜령 외 집필

초판 1쇄 발행 | 2019년 2월 28일
초판 4쇄 발행 | 2023년 11월 23일

기획 | 국립국어원
지은이 | 심혜령 외
발행인 | 정은영
책임 편집 | 김윤정
디자인 | 디자인붐
일러스트 | 조은혜
사진 제공 | 셔터스톡

펴낸 곳 | 마리북스
출판 등록 | 제2019-000292호
주소 | (04037) 서울시 마포구 양화로 59 화승리버스텔 503호
전화 | 02)336-0729, 0730   팩스 | 070)7610-2870
홈페이지 | maribooks.com   이메일 | mari@maribooks.com
인쇄 | (주)신우인쇄

ISBN 978-89-94011-04-2 (54710)
       978-89-94011-00-4 (54710) set